高校体育课程改革与人才培养研究

徐 峰 吴春磊 章 健 著

吉林科学技术出版社

图书在版编目（CIP）数据

高校体育课程改革与人才培养研究 / 徐峰，吴春磊，
章健著．-- 长春：吉林科学技术出版社，2022.8

ISBN 978-7-5578-9907-3

Ⅰ．①高… Ⅱ．①徐… ②吴… ③章… Ⅲ．①高等学
校－体育教学－教学改革－研究②高等学校－体育－人才
培养－研究 Ⅳ．① G807.4

中国版本图书馆 CIP 数据核字（2022）第 202456 号

高校体育课程改革与人才培养研究

著　徐　峰　吴春磊　章　健
出 版 人　宛　霞
责任编辑　潘竞翔
封面设计　树人教育
制　　版　树人教育
幅面尺寸　185mm×260mm
字　　数　250 千字
印　　张　11.5
印　　数　1–1500 册
版　　次　2022年8月第1版
印　　次　2023年4月第1次印刷

出　　版　吉林科学技术出版社
发　　行　吉林科学技术出版社
地　　址　长春市福祉大路5788号
邮　　编　130118
发行部电话/传真　0431-81629529 81629530 81629531
　　　　　　　　　　81629532 81629533 81629534
储运部电话　0431-86059116
编辑部电话　0431-81629518
印　　刷　三河市嵩川印刷有限公司

书　　号　ISBN 978-7-5578-9907-3
定　　价　70.00元

前　言

随着我国国民经济的发展，人们的生活水平不断地提高，国家对于教育事业的投入也越来越大，对于教育事业的重视也逐渐增加。在加大基础教育投入的同时，国家也在关注人们的素质教育，改革我国的教育模式，注重人才的全面发展，是当前教育事业的发展方向。国民的素质教育不仅能够提高国民素质，也能够提高我国的综合国力。体育教育是我国素质教育中的一个重要组成部分，如何改变过去传统的体育教育模式，为国家的建设培养全面的人才，是目前各高校需要考虑的问题。本书就高校素质教育中体育课程的改革进行阐述和讨论，为各高校的教育改革事业提供一份建议和思考。

在高校体育教学中，教学目标是教学活动开展的方向，反映了体育课程教学价值与特点。我国高校体育课程目标定位普遍存在不明确，片面的问题，影响了体育教学思想价值的实现。体育课是让学生学习运动技能，提升学生身体素质，培养学生运动意识的重要阵地。通过体育学习，学生身体素质与能力得到提升后，就会意识到体育运动的重要性，并形成主动运动的习惯。但是在高校体育课程目标设计中，发现教师过分注重理论知识的教学，忽略了学生兴趣与习惯的培养，阻碍体育教育价值的体现。

高校体育教学中发现，大部分的教师都会采用自己比较熟悉且应用灵活的教学方法开展课堂活动，其中演示教学、比赛教学、游戏教学是经常使用的教学方法。在课堂教学中，很少组织多种不同教学方法结合方式开展课堂活动。单一的教学方法，不仅影响学生运动兴趣的培养，同时也影响了教学进度。课程改革过程中，需要教师注意这一问题，结合实际情况，综合应用教学方法，丰富教学形式，为学生学习发展打下坚实的基础。

总而言之，在高校体育教学中，由于教学目标、教学方法的问题，阻碍了课程改革教育。为了推动体育教学更好地发展，制定科学教学目标，创新教学方法，丰富教学评价形式，提高学生身体素质，培养学生体育精神，促使体育教育发展。

目　录

第一章　高校体育教育问题的探索性

第一节　高校体育教育的道德传承和作用

一、高校体育教育中的德育教育

学校是社会主义精神文明建设的重要阵地，体育是整个学校教育的重要组成部分。而高校体育教学是学校体育的基本形式，高校体育教学与其他学科一样必须以育人这一根本任务贯穿于教学之中，既担负着向学生传授知识的任务，又担负着向学生进行思想教育的任务，使学生掌握体育知识、技能，增强体质，促进身心和谐发展，同时培养良好的思想品德。

（1）德育是体育教育的重要任务。体育是以身体运动为基本手段的活动，既是学校教育的重要组成部分，又是对学生进行素质教育的重要组成部分。在体育教学过程中，教师除了要让学生掌握一定的体育知识和技能、提高身体素质之外，还必须对学生进行思想品德教育，提高学生的体育文化素养。运动是人的智力和体力的统一，由于大多数学生对体育教学的认知尚不完全，因而常常会因为太过于重视体育教学在物质方面的价值属性而忽略了其在精神方面的价值属性。对学生进行德育教育是体育教学最重要的任务之一，体育教师除了要教导和协助学生进行身体方面的锻炼之外，还必须在体育教学中有意识、有目的地将德育渗透于学生的锻炼和知识教学之中，使两者相互融合。

（2）学校体育是发展德育的重要手段。高校体育课程除了像其他学科课程一样肩负着提高大学生思想道德修养的任务之外，还同时肩负着提高大学生健康素质的重要任务。作为高校教育的一部分，高校体育教学除了担负着传授体育运动知识、技能和增强学生体质的任务之外，也是培养和发展学生道德品质的重要手段。高校体育是以体育教学大纲为根本目的，必须与德育联系起来。体育与德育是相互关联、相互促进、相互融合的，教师必须在体育教学中注重和加强德育工作，从而强化学生的意志品质，培养学生的自觉性，使学生形成良好的道德品质，提高文化素养。

二、高校体育教育中德育教育的目的和任务

体育是学校教育的重要组成部分，是培养德、智、体全面发展的社会主义建设人才的一个重要方面；也是执行党的教育方针的重要组成部分。高校体育教学任务之一就是对学生进行德育教育，帮助学生确立正确的学习目的，使学生把学习目的和生活目的与祖国的建设目标统一起来，启发学生明确认识身体好对学习好、工作好的重要意义，帮助学生形成长远的、持久的学习动机，以指引学生的学习方向，激励他们去努力学习，提高学习积极性，促进学生德、智、体全面发展。高校体育教学是在不同的时间及自然条件下进行的。高校体育教学与其他学科相比，更容易反映学生的身体素质和思想素质。从这点来说，高校体育教学为我们提供了进行德育教育极为有利的条件。现在学生中，独生子女多，在高校体育教学中经常表现为怕脏、怕累和意志薄弱等缺点，教师一旦发现学生这些问题，应及时进行思想教育，及时纠正，这样能有力地促进错误思想和行为的转变。在教学中发现学生思想上的问题，就应及时抓紧德育教育工作，不断提高学生的思想认识，并付诸行动。学生德育素质的提高本身就是高校体育教学质量的重要标志。

三、高校体育教育中实施德育教育的主要途径和手段

（一）高校体育教育中教师在思想品德教育上的表率作用

在高校体育教育中，体育教师的身教包含两方面的内容：一是体育教师在教学中的示范动作，就是教师行为呈现在学生面前的直接形象；二是在特定教学中，教师的思想感情、个性、道德、意志等对学生生理上和心理上产生的影响。教师除了用语言教学外，行为教学更多样、更直接。学生对教师的一言一行都会加以评价和模仿，对体育教师优美的动作，高尚的品德心领神会。

（二）高校体育教育中思想品德教育的个性

高校体育教育为了让学生有更多的实际学习机会，不允许教师长篇地进行讲解和说教，因此，教师要认真钻研教材，结合实际情况有针对性地向学生进行思想品德教育。

（1）在高校体育教学诸项目中要有针对性。一般来说，田径、体操、球类、武术等教材能培养学生的勇敢、顽强、机智、灵活、果断等品质。但由于各项教材的练习形式不同，因而在培养学生品德方面，也有所侧重，如在田径项目中，就应该注意培养学生的刻苦耐劳、克服困难、坚韧不拔的毅力；在艺术体操和健美操等项目中进行美育教育。应根据学生的实际情况，认真备课，定出思想品德教育的具体任务，提出相应的措施，保证教学中高度的政治水平和科学水平。

（2）根据高校体育教学多在室外进行的特点，教师可以利用气候、场地器材对学生的影响，有针对性地培养学生顽强的意志品质。在不同的条件下，教师还可以根据学生的不同表现，因势利导，加强对学生的思想品德教育，这种教育最易见效。它可以培养学生集体主义精神，严格组织纪律性、顽强的意志品质及爱护公共财物的良好品质，以树立正确的是非观念，培养学生高尚的共产主义品质。

（3）在教育方法上要有针对性，教育学生一定要有诚心、热心和耐心，主要是采取说服教育的方法，实事求是，以理服人，要多表扬、少批评，要真诚和恳切地用实际行动帮助学生健康成长，在指出学生的缺点时，对学生中出现的问题要积极主动、热情帮助学生解决问题。然后，在运动场上对学生进行体育道德教育，教育学生正确处理好个人与集体关系；尊敬对手，尊重观众，尊重裁判；公正、诚实、谦虚、有礼貌等，这些教育应渗透到底。

（4）在上室内课时，可以讲述中国体育的名人轶事，运动员的爱国精神，使学生不仅爱好体育，还要有爱国的向上精神。高校体育教育中的德育教育，关键要灵活多样，结合实际，因势利导，这样自然会收到水到渠成的效果。在教育过程中，为师者要以身作则，做出表率，做到耐心细致，因材施教，以理服人，以情感人，讲究实效。

四、高校体育教育的道德传承和作用

（一）培养竞争精神，加强规则意识

首先，在体育教学过程中，教师通过丰富多彩的内容和形式，为培养学生的竞争意识创造大量的机会和良好的条件，如体育游戏、集体练习、各种体育比赛等形式。其次，创造竞争环境。体育教师在教学过程与竞赛活动中，应多采用竞赛教学法，让学生在活动中得到胜负、得失等情感的体验，感受竞争中的优胜劣汰、适者生存的残酷性，为培养学生的竞争意识和能力创造一个良好的情境。最后，正确对待竞争，这不仅是体育竞赛的宗旨，而且是一种道德教育。规则意识是个人素质的重要方面，也是素质教育的重要组成部分。在体育教学中，学生对各项运动规则严格遵守，他们从中建立起的规则意识将逐渐迁移到日常生活和学习之中，从而养成遵守规章制度、法律法规的良好习惯。在学生时代具备了遵守规则的强烈意识，将会对形成终生遵守规则的意识和行为起到促进作用。

（二）培养团队精神，加强责任感

团队合作主要包括四个要素和一个目标，即团队分工、团队思想、团队建设、团队支持都是为了一个目标——充分发挥"团队力量"。在高校的体育教学过程中，教师可以通过互助合作学习、小组合作学习、全员合作教学等、新型的学习方式对学生进行团队精神的培养。在体育游戏中，运用游戏、比赛法教学对学生的竞争与合作素质

的培养有更好的作用。在体育竞赛中，通过战术的配合和团队的协作，每个学生都会融入集体中，从而感受到团队合作的重要，同时品尝到成功和失败的滋味，领略竞争与拼搏的艰辛。责任感是一种隐性因素，只有在实践中不断尝试、反复感受才能建立。教师要让学生明白个人的成败和荣誉是与团队联系在一起的，引导并培养他们承担责任的意识。这样，通过不断地责任承担，学生在参与的每一次教学活动中都能有所感悟。

第二节　高校体育实施健康教育的研究

一、健康的具体内容

（1）身体健康。它不仅指无病，而且还包括体能。后者是一种满足生活需要和有足够的能量完成各种活动任务的能力，具备这种能力，可以预防疾病，增进健康，提高生活质量。

（2）情绪健康。情绪涉及我们对自己的感受和对他人的感受。情绪健康的主要标志是情绪的稳定性，所谓情绪稳定性是个体应对日常生活中人际关系和环境压力的能力。

（3）智力健康。指在长期的学习和生活中，大脑始终保持活跃状态。

（4）精神健康。它对于不同宗教、文化和国籍的人意味着不同内容，主要包括理解生活基本目的的能力，以及关心和尊重所有生命体的能力。

（5）社交健康。它指形成与保持和谐人际关系的能力。此能力将使你在交往中有自信感和安全感，与人友好相处，也会使你少生烦恼。

二、高校健康教育中存在的问题及解决方法

（一）健康教育的内容

目前，我国高校健康教育的内容尚未统一，课时比例小。据有关调查，已设置健康教育课程的高校仅占调查高校数的 36.02%，另有 58.33% 的高校基本上都将健康教育的内容以讲座形式或在大学体育理论课中进行，所占比例极小。有学者对 327 所高校的抽样调查发现，体育理论课每学期共 1 525 学时，平均只有 4.1 学时（因个别学校体育理论课开 5 学时或 6 学时），2 个学年 4 个学期计 16.4 学时，其中，涉及健康教育内容的只有 1.7 学时，仅占体育理论课的 10.4%。当前，我国高校体育理论课中健康教育内容主要是体育锻炼对增强体质的作用。科学锻炼身体的方法，学校体育卫生，体育健康，运动损伤的处理和身体运动的自我感觉与监督等内容，有关大学生心理障碍

与心理健康指导的知识内容甚少，远不能适应大学生身心全面、协调、健康发展，仅有少数医学院和师范院校较为重视气功、养生术和心理健康教育内容的传授与指导。由于目前高校健康教育内容少，所占课时比例小，运动技术教学的教材体系占主导地位，忽视学生身心发展的特点和个体差异，严重制约了健康教育在我国高校中的普及和水平的提高。

（二）健康教育的形式

由于健康教育的形式单调，导致大学生对健康教育的认识、态度和实践还在低水平徘徊。多数大学生对现代健康的概念缺乏全面的认识，片面认为身体强壮，没有病就是健康，既导致对健康教育缺乏相应的兴趣和学习动力，又严重影响了身心的健康。他们在日常的学习和生活中难于得到印证和应用，养成健康的行为，形成健康的生活方式。因此，在一定程度上阻碍了知识的内化和内在行为的形成。据调查，我国近年来大学生因病休学、退学的分别为 0.25% 和 0.07%，死亡人数占在校学生数的 0.025%。另外，对体弱多病、残疾大学生的健康教育重视不够。

（三）解决方法

1. 树立明确的指导思想

（1）把国家和社会对学生的体育要求与学生个体的体育需要结合起来，有效地为增进学生健康和增强学生体质服务。

（2）把育体和育心结合起来，促进学生身心全面发展，要特别突出提高学生的心理健康与素质水平，促进学生的心理全面发展。

（3）把锻炼身体和为学生终身体育打基础结合起来，培养学生的体育意识、兴趣、习惯和能力，使学生能把知识的学习、技术的掌握、技能的形成与意志品质的培养、心理需求的满足、情感的体验相协调，实现高校体育教育与终身体育的接轨，使高校体育课程最大限度地适应社会生活的需要。

2. 把健康教育纳入学校及教学主管部门的工作计划

学校领导要重视健康教育工作，在研究学校工作时，应把学校健康教育作为重要内容之一，列入学校工作计划，保证课时、安排教师、落实教材、检查评估以保证学校健康教育的开展。

3. 尽快编写高校健康教育试用教材

把健康教育作为必修课纳入体育课时内容。教材内容应从现代社会与现代人素质的关系出发，建立和形成有益于健康的行为和生活方式，以消除或降低危险因素的影响。一方面，以现代社会对人的身心素质的要求为主题，让学生认识"适者存，强者胜"，使学生从中能够真正树立正确的体育观，深刻理解体育含义及其功能，转变传统的体质健康观念；另一方面，是现代社会对人的健康、体质的负面作用，让学生深入了解对人类健康威胁的 30% 来自环境,更主要是产生于自身不健康、不科学的行为,明白健身的生理机制及原理,获得健身、卫生保健、身心养护等方面的知识。真正落实健康教育课时,通过教材系统传授的不仅是健康知识,更重要的是发展学生掌握知识后的实际应用能力,即帮助学生建立和养成健康的行为和生活方式,提高他们的生活质量,预防和减少身心疾病的发生和发展。

4. 从实际出发,解决高校健康教育的师资

目前,绝大多数学校还没有设置专门的健康教育师资,个别地方开展的培养高校健康教育师资的试点虽已取得明显成效,但短期内在各学校都配备健康教育师资是不现实的。因此,解决学校健康教育的师资必须从实际出发,根据各学校的实际情况采取不同的方式,要尽可能地相对固定人员,并为他们提供进修学习的机会。一些高校已设置健康教育专业和专修科,并对体育教育专业进行改革,实行"双专业",以解决学校健康教育师资。

5. 改变单一的教学模式,引进讨论班形式

虽然健康教育本身是一种有计划、有组织、有评价的教育活动,通过综合、多种经验,以促使人们主动采取有利于健康的行为,但它不同于一般卫生知识的宣传和动员,学生间的差异决定了他们的起点、进步程度等均有不同。因此,在该课程的教学中要因人而异,因材施教,在教师引导下自我学习、诊断、计划、实施和评价。在讨论班里,学生不仅要学习基础知识,以提高思维、动作的准确性,还需要花更多的时间去分析、讨论问题。

三、高校体育教育对大学生体质健康的影响

(一)大学生的体质健康状况

据调查,大学生在校学习期间所患各种疾病的构成比如下:心血管疾病占 25.7%(包括高血压、病毒性心肌炎、心律失常等);传染病和寄生虫病占 19.5%(包括细菌性痢疾、病毒性肝炎、麻疹、肺结核、钩虫病等);消化系统疾病占 12.5%(包括消化性溃疡、慢性胃炎、慢性结肠炎等);外科疾病占 11.1%(包括阑尾炎、各种外伤及骨折等);妇科疾病占 9.7%(主要是月经异常);泌尿系统疾病占 6.9%(包括尿路结石、肾下垂、肾炎等);呼吸系统疾病占 6.9%(包括肺炎、慢性支气管炎、哮喘、支气管扩张等);神经精神系统疾病占 4.9%(包括精神病、神经衰弱及神经性疾病等);其他疾病占 2.8%。此外,大学生常见的身体问题还有:视力不良,高达 51.7%;贫血,男生为 25.9%,女生为 51.4%;维生素缺乏症,男生为 12.5%,女生为 34.4%;齿龈肿胀及出血,男女生分别为 12.7% 和 18.0%。

另据调查,大学生年平均患感冒次数为 3.5 次,而感冒又是作为世界卫生组织衡

量健康状况的指标之一；大学生年平均看病次数为 2.7 次，并随着年级升高而有增高的趋势；在近一年中因各种疾病而住院的大学生占 4.1%，且有随年级升高而增加的趋势。由此可见，大学生身体健康方面的问题较多。

（二）高校体育教育对增进大学生体质健康的积极影响

1. 能预防心血管病变

长期坚持体育运动，可使那些有生理缺陷或某些疾病的学生血液变得很富有，血液中红细胞、白细胞和血红蛋白增加，营养水平、代谢水平提高，血管富有柔韧性。使心肌强壮，有效改善心率，心脏的工作能力和储备能力提高。有益于降低血压、血脂和控制血糖。

2. 能增强呼吸系统的功能

在体育运动的过程中，呼吸加深，吸进更多氧气，排出更多的二氧化碳，从而使得肺活量增大，残气量减少，肺功能增强。

3. 能提高消化系统功能

由于运动中肌肉活动所需的营养物质大大增加，长期坚持体育运动，可使那些有生理缺陷或某些疾病的学生胃肠消化功能加强，消化腺分泌的消化液增多，消化管道蠕动更强。胃肠和血液循环改善，使食物的消化和营养物质的吸收更充分和顺利。

4. 能改善神经系统功能

人的活动是在神经系统支配下的协调活动，长期坚持体育运动，可使那些有生理缺陷或某些疾病的学生耳聪目明，精力充沛。

5. 能预防骨裂

骨质疏松会引起骨裂，骨裂在各个年龄层次的人群均会发生。长期坚持体育运动，可使那些有生理缺陷或某些疾病的学生通过提高骨质密度和骨的强度达到预防骨裂的目的。

6. 能控制体重与改变体型

众所周知，过分肥胖会影响人的正常生理功能，尤其是容易造成心脏负担过重，寿命缩短。长期坚持体育运动，可使那些有生理缺陷或某些疾病的学生减少脂肪，增强肌肉力量，保持关节柔韧，故可控制体重，改善体型。

四、高校体育教育对大学生心理健康的影响

健康概念的演变，深刻说明了人类社会对健康认识的全面推进与进步。世界卫生组织（WHO）于 1948 年在其宪章中定义为："健康不仅仅是没有疾病和衰弱，而且是保持身体上、精神上和社会上的完全安宁状态。"1978 年国际初级卫生保健大会发表的《阿拉木图宣言》中，对健康的描述产生了新的变化，定义为："健康不仅是疾病与

体弱的匿迹，而且是身心健康、社会幸福的完美状态。"在这个定义中，提出了身心健康。1989 年 WHO 提出了新的定义，包括躯体健康、心理健康、社会适应良好和道德健康 4 个方面。从生理、心理、社会等因素分析，对健康进行了较为全面、科学、完整、系统地定义。这个定义中明确提出了心理健康，健康的定义从三维健康观到四维健康观，躯体与心理进行了概念上的区别，健康包括 4 个层面，心理健康是其中重要的 1 个方面，健康观进入到整体健康模式。

（一）现状分析

1.学校体育的全面性是发现学生心理障碍的突破口

素质教育强调教育要面向全体学生，体育教育也是如此。在这个过程中，教师对全体学生进行面对面的身体知识和技能的传授，使学生身心得到全面的发展。这个过程包括知识技能的获得以及情感上成功的愉悦体验，通常说情绪是心理健康的晴雨表。教师即可通过学生学习过程中的表情、行为等外在表现，发现存在不同程度心理障碍的学生，及时与其沟通，并在今后的教学中着重对其进行心理健康教育。

2.学校体育的实践性是培养学生良好心理素质的基本途径

在学校体育的重要环节体育教学中除了"教"与"学"的双边活动外，还具有区别于其他课程的鲜明特点，它必须通过身体活动与思维活动促进入的发展，这正是体育教学实践性的突出表现。由于体育教学活动具有娱乐性、竞争性、集体性、应变性、规范性等特点，它能有效地培养学生的社会责任感及集体主义精神，培养学生自强、自立、勇敢、顽强、坚韧等开拓进取的精神。教学中通过丰富多彩的活动与比赛，使学生的不良情绪得到合理地宣泄，消除紧张情绪，产生积极情绪，从而使学生从人际关系敏感、忧郁、焦虑、自卑等心理障碍的阴影中走出来。部分教学内容，如武术、球类等项目，富有竞争协作的团队氛围，一方面增进同学间彼此交流，另一方面也培养学生对自己情感的控制力和遇到困难挫折的耐受力。这对性格孤僻、人际关系敏感的学生具有良好的调节作用，这些功能正是其他教育所无法替代的。

3.学校体育中非智力因素的培养是消除心理障碍的积极有效手段

学校体育中，学生学习知识，除了依靠观察力、注意力、记忆力、想象力等智力因素外，还培养了学生的兴趣、动机、意志、性格、情感等非智力因素。学校体育教学中教师积极运用激励机制，激发学生兴趣，特别对身体素质较差及存在心理障碍的学生，更应采取掌声鼓励等形式，培养学生克服和战胜困难的勇气，满足心理和精神的需要。而学习过程中，兴趣的培养、情感的熏陶、意志的锻炼、性格的优化等正是消除心理障碍的积极有效手段。

（二）对策研究

（1）完善基础理论的健康教育。体育教育中，往往偏重于实践方面，应该说体育实践教育固然重要，但理论教育方面也不能忽视，理论在人的观念价值确立和指导实践应用上是非常重要的。在问卷调查中可以看到，体育锻炼原理和运动保健常识等方面的知识都是受到关注的。针对这一情况，在实践过程中，在选择具有代表性体育项目中加强了体育基础理论教育。把运动保健、体育康复、体育休闲娱乐和体育文化欣赏等方面的知识，结合运动项目特点和实践过程，规定内容在每节实践课中进行。比如运动小常识、体育锻炼方法、体育时事、运动欣赏等。这样使理论与实践相结合，受到学生的欢迎，也收到了良好的效果。

（2）注重体育实践的健康教育。增强体质、增进健康是学校体育的首要目标。因此，教材的选择与使用要充分考虑其作为教材的各种具有代表性和可接受的教学因素。无论游戏、娱乐及身体基本活动，还是具有丰富内涵和广泛影响的竞技运动项目，都可以成为体育健康教育素材，关键是怎样运用的问题。体育教材的确定要根据体育学科特点、社会需求、学生需要、具体条件来进行，既要有代表性，又要有实效性和可操作性。

（3）随着社会的进步和时代的发展，体育娱乐健身素材也越来越多，众多的体育娱乐健身项目正以其独特的魅力出现在社会和学校。学校体育教育应促进学生身心健康发展和培养兴趣与爱好，进而促进终身体育意识的形成。高校体育是学校体育与社会体育的结合点，形式和内容具有更多的相近之处。娱乐健身素材的选用，一方面对拓宽高校体育教学领域起到了推动作用，另一方面，对于娱乐健身项目的规范性和健康发展也起到了促进作用。

（4）加强和改进体育教育方法。

第一，充分发挥学生主体作用。传统的体育教育只注重学生课堂上的表现，教师也习惯于发号施令，力图将全体学生都统一到自己设计的规范中去，其结果是学生作为课堂教学主体的地位被忽略了，缺乏主体的热情和主体的参与，体育教育难以渗入科学的理念，也不利于学生心理健康。提高学生对体育参与的积极性，教师必须掌握各种教学方法和手段，这样才能引发学生兴趣，得到响应和产生共鸣。体育教育要突出对学生竞争意识和能力的培养，除在教育内容和教育方法的选择上多加注意外，教师要强化培养意识。特别对那些表现欲望不强，不善于竞争的学生，应着力发现他们的长处和闪光点，多加鼓励和激励，提高其参与的积极性。

第二，情景创设。体育教育过程中相对稳定的集体情绪状态，是体育教育中集体心理动态结构的特点之一，是学校体育活动的心理背景。学校体育教育的基本形式是体育课堂教学，在实现课堂教学任务的过程中，师生之间，学生之间会进行频繁地交往，交往时每个个体本身都带有一定的感情色彩，并具有强烈的感染力，个体之间的情绪互相交流，互相感染，造成心理上的共鸣，情绪上的共鸣，个体的情绪趋于一致，从而形成某个时刻的集体心理气氛，体育教学就是在这种心理气氛中形成的。这种气氛对学生的社会适应能力发展能起到良好的作用。体育课堂教学心理气氛的优化可以发挥其动力，愉悦和调节的作用，使集体的情绪处于适度的亢奋状态，每个成员在认知上相近，情绪上相溶，心理上互动，课堂气氛活跃，教与学、练的情绪高涨，学生处于积极的心理状态之下，认知及控制能力得到充分发挥和提高，学、练效果得到了最优化。

第三，提高应变能力。学生在进行体育锻炼时的情况变化很大，所以常常会出现超出预想的情况发生。这就要求教师要善于把握和对情感进行调控，及时改变方法和采取有效措施，保持和提高学生情绪和气氛，以使学生向着提高健康和社会适应方面发展。

（三）建议

体育锻炼对学生的心理健康具有显著的促进作用。对我们体育工作者来讲就应该抓住学校体育这一环节，对学生进行心理健康素质的锻炼与培养。据此，对学校体育教育提出几点意见：

（1）提高对生理健康与心理健康相互关系的认识。长期以来，心理健康教育往往忽略了学校体育在其中的特殊意义和作用，而学校体育也只重视对学生生理方面的健康教育，忽视了心理健康对人体的影响。良好的心理状态可以使生理机能处于最佳状态，健康的心理寓于健康的身体，两者相互影响，互为因果。学校体育在重视身体素质的同时，应在体育教学和体育锻炼中融入心理素质教育的内容，积极开展心理健康教育。随着对心理健康教育研究的逐步深入，生理健康与心理健康这种交互影响的关系，会为越来越多的人所认识。

（2）对大学生主动实施心理素质的培养。学校体育对学生的影响是多方面的，其中蕴含了丰富的心理教育因素，心理教育渗透在体育活动的各个环节之中，对学生的心理影响和教育应该说是内隐的，它是在学生参与体育活动的整个过程中，通过自身体验的方式，潜移默化地将心理影响积淀在自己的心理结构之中，通过调查了解到，学校体育在面向学生的心理健康教育方面，很多时候还仅仅是停留在学校体育对学生生理健康的影响上，学校体育还未彻底走出重视运动技术、技能和体育知识传授，忽视对学生心理健康的教育。重视学生身体的生理反应和感受，忽视学生心理的感受和反映的教育误区，还没有将学校体育单纯的对学生心理健康的影响转变为有计划、有目的、有针对性，并积极主动地采取有效的方法、手段。对大学生实施心理素质的培养和锻炼，不但要关注学校体育对大学生心理健康的影响，更要在对大学生心理素质的积极主动培养、锻炼和增强上下功夫，使心理健康教育融于学校体育教育之中，使学生通过体育教学和丰富多彩的课外体育活动达到全面发展。

（3）在体育教学中实施心理素质教育方案。用新的健康观念和"健康第一"的教育指导思想审视当今体育教学和体育教学改革，从而加大学校体育课程改革的力度。在学校体育课程教学改革方面有所突破，学校体育课程教学是贯彻落实"健康第一"教育指导思想的一条主要途径。《学校体育课程教学指导纲要》将体育课程教学划分为运动参与、运动技能、身体健康、心理健康、社会适应五个学习领域，包括了与体育密切相关的运动营养、生理健康、心理健康等有关方面的知识，这些知识的获得和运动技能的掌握同样重要，在体育教学中有机地穿插进行，可收到事半功倍的效果。通过体育教学中心理素质教育方案的实施，使学生心理素质得到锻炼和提高，可以很好地预防和减少大学生心理疾患的发生。

第三节　高校体育教育对大学生体育精神培养的探索

一、高校体育精神的含义

体育精神是一种文化意识形态，是通过体育运动而形成并集中体现出人类的力量、智慧与进取心理等最积极意识的总和，是体育运动的最高级产物，它从文化角度反映了人类自身的崇高。体育精神的魅力能够产生较强的鼓舞力、感染力和征服力而成为体育本身所特有的最积极的教育因素，进而能够指导和影响人类的生活方式和体育实践。体育精神的展现，是运动技能、技巧和多种优秀心理品质作用于运动的身体之后的升华。校园体育文化是指体育文化在校园这个特定时空环境中的存在形态和发展方式。高校体育精神则是指一定历史阶段，在校园体育文化建设中积淀、整合和提炼出来的，反映高校体育文化的行为准则、价值观念和意识的总和，是校园人的体育精神生活方式和意识形态的反映。一般说来，高校体育精神包括以下含义。

（一）科学精神

高校体育的科学精神，体现在高校体育教学与训练，活动与比赛中按规律和制度办事，不能盲从。并要认真地分析和研究，对那些符合先进文化本质和发展规律的校园体育活动，要积极总结、归纳，集中推广，力求以此构筑校园体育文化的主旋律。

（二）求善求美精神

求善主要体现在世界观、人生观、体育道德观等方面的价值判断上。高校培养出的人才，应该具有一定的历史使命感、正义感和正直的品质；一种爱校建校之心；一种团结互助、为人民服务的思想意识。求美，主要体现在审美实践上。要求师生培养正确高雅的审美意识，引导人们按着美的规律来规范校园生活的全部（包括体育环境美、体育行为美、体育思想美等），使得整个校园洋溢着体育美的气息。

（三）团队精神

为实现团队的共同利益和目标，需要团队内的互动、协调与配合。团队精神主要包括：共为一体；协作互助；尽心尽力。共为一体——团队与运动员结成高度牢固的命运共同体，团队利益目标与运动员利益目标高度一致，运动员对团队有强烈的归属感与一体感。比赛胜利，运动员都感到荣幸，反之，则沮丧或羞辱。无论物质上、精神上，运动员之间是共为一体、同舟共济、荣辱与共的关系。协作互助——尽管每个运动员在赛场上的重要性有所不同，但赛场上每个位置都有其重要性，不可缺失。同时，运动员之间能协调配合、相互帮助。任何集体项目要能战胜对方，团体内的相互配合与协作就显得十分关键。尽心尽力——运动员全方位投入，参赛时都全力以赴、尽心尽力、尽职尽责。首先，运动员之间能互敬互重、相互宽容。赛场上，前锋与后卫的职责和风格相差很远，但运动员们能相互容忍和接纳彼此的差异性，保留和发挥自己的独特性；其次，竞赛中发生过失，都能求同存异、见大义容小过；最后，团队利益优先。为了团队整体利益，运动员自愿牺牲个人利益。

（四）创新精神

高校体育文化是总结、继承和传播人类优秀体育文化的成果，是在继承基础上的创新。作为高度的知识密集和智慧卓越的高校校园，师生们期望创造新的体育文化，以符合时代发展的需要。创新精神是校园体育文化的一种综合体现。

（五）人本精神

人本精神是体育精神中最基本的精神，它以人本主义哲学为其思想和理论基础。体育的人本精神主要包括：重视人的自身价值；重视人的权利、自由和尊严；乐观自信；运动家风范；尊重、理解、友爱。体育不仅尊重对手、尊重竞争中的成功者，还尊重竞争中产生的大量失败者。通过比赛的相互交流与沟通，人们展现了各民族特色，消除了来自不同民族的偏见、歧视和对抗，有效实现了世界范围内的不同文化间的跨文化交流。

（六）英雄主义精神

体育中英雄主义精神主要包括：搏击奋斗、刚毅执着、顽强抗争、奉献上进、挑战征服、冒险牺牲。每个民族都有自己的英雄。只要是历史悠久的民族都有自己的英雄神话传说和英雄神话故事。这些英雄传说和英雄故事作为民族身份的认同标志，至今仍在民间广为流传。从古至今，人们一直都崇拜英雄、崇尚英雄，也希望自己是个英雄人物。战争年代，凭借赫赫战功就可塑造英雄，而和平年代，英雄却不易造就。体育是战争的仪式化，是无硝烟的战争，易塑造英雄。体育恰好为人们提供一个从普通人物转变成英雄的舞台，抒发了人类向往英雄、崇拜英雄、追逐英雄的心理情结。

（七）公平竞争精神

公平竞争能凸显体育精神。尽管人类大力提倡公平竞争，但真正在实践中很好实现了公平竞争的，也只有体育。公平竞争精神成为世界上先进或落后国家共同参加体育的重要内生力量。体育是公平竞争的楷模，是公平竞争的典范之作。行为学家洛伦兹认为，体育比赛是对人类最有益的一种竞争方式。总之，公平竞争精神保障了参赛者以同等的资格、共同的权力和均等的机会，这就是在法律面前人人平等。在这种平等的意识里，人的尊严、自由、权利得以公平地展现。

二、高校体育精神的培育

（一）高校体育文化的创新

高校体育文化创新包括体育物质文化和体育精神文化两个方面的创新，体育精神文化的创新是体育文化建设的灵魂和精髓。一所高校既要抓校园硬件设施的建设，又要重视校园体育文化的发展和培育；既要有严谨务实的教学工作，又要有生动活泼、丰富多彩、健康的体育活动，紧密结合新的实践和时代的要求，结合校园体育文化生活的需要，积极进行体育文化的创新，努力繁荣先进体育文化，为学校的发展和进步提供"精神动力和智力支持"。我们在体育文化创新的过程中，要理性地、认真地分析和研究，并积极总结，归纳，掌握其中的规律，用理论指导我们的行动，使科学精神渗透到人们的灵魂中去。通过体育教学、训练和比赛来培养师生良好的身心素质，以适应新时期社会发展对人的需要。以"公开、公平、公正"的行为规范，培养师生"不畏强手，敢于竞争，敢于胜利"和"光明正大、心底无私、光明磊落"的优秀品质；通过课外体育活动，休闲体育来培养师生快乐体育与生命体育的思想，使师生形成良好的体育价值观。通过体育的竞争性与协作性来培养师生顽强的品质和团结协作的集体主义精神。

（二）开展以中华体育精神为特色的校园文化建设

由于学校的历史传统、专业设置、办学条件，归属关系等各不相同，各个高校在校园文化建设中必然会形成自己的个性和特色。中华体育精神是我国精神文明的重要组成部分，是中华民族的宝贵精神财富。以中华体育精神为特色加强高校校园文化建设，不但有利于民族精神的弘扬，而且更有利于民族精神的培育。这就是：与爱国主义相一致的为国争光精神，与中华传统美德相承接的无私奉献精神，与民族团结相统一的团结友爱精神，与自强不息相同的艰苦奋斗精神等等，结合我国高校文化建设实际，我们在弘扬民族精神方面做了大量工作，如爱国主义精神的弘扬。爱国主义在体育界的具体体现是勇夺金牌，为国争光。如上世纪 80 年代的"中国女排精神"。我们可以通过生活在学生身边的夺金运动员的报告会，座谈会等形式，增强师生员工为国争光意识，弘扬爱国主义的民族精神。高等院校以中华体育精神为校园文化建设的特色，还有利于新的民族精神的培养，它们是：顽强拼搏精神，科学求实精神，集体主义精神和勇于创新的精神等等。

总之，高校体育精神是高校体育文化的灵魂，是高校体育文化建设的核心内容，对高校教学、管理及精神文明建设具有重要作用，是弘扬中华体育精神和民族精神的重要途径。我们要倡导正确向上的体育精神，培育科学的、积极向上的、具有时代特色的高校体育精神。

第四节　高校体育教育在终身体育思想中的意义

一、终身体育综述

20 世纪 60 年代，著名的法国教育家保尔·郎格朗首次提出"终身教育"一说，他在 1970 年发表的《终身教育引论》奠定了终身教育的理论基础。1978 年联合国教科文组织在《体育运动国际宪章》中明确规定，"体育是全面教育体制内一种必要的终身教育因素"，"必须有一项全球的民主化的终身教育制度来保证体育活动和运动实践贯穿于每个人的一生"。可见，体育是教育不可分割的组成部分，而终身体育是终身教育的一个有机组成部分。终身体育理论是受终身教育理论的启发和影响而产生和发展的，它是 90 年代以来体育的改革和发展中提出的一个新概念。终身体育，是指一个人终身进行身体锻炼和接受体育教育。按照终身教育的概念理解，终身体育就是人生各时期所接受的体育教育、所参加的体育活动及所坚持的体育锻炼的总和。不能简单地把人一生中的任何一个时间段的体育定义为终身体育，因为"终身体育"是一个集合概念，是依据人体发展变化的规律，身体锻炼的作用，以及现代社会的发展不断对人提出的要求，伴随着终身教育的发展而发展起来，它具有整体性与持续性。终身体育思想把体育的本意与本真交给我们，让我们懂得体育可以在我们的生活中随时随地进行，除了能带给我们健康，还能教会我们在社会生存中所需要的平等参与意识、公平竞争意识和创新意识。无论我们处于哪个年龄段，体育都能带给我们快乐，令我们的生活更多姿多彩。

二、终身体育教育体系的构建

（一）要有长期的发展规划

终身体育主要包含两个内容：一是人从生命开始至结束的一生中，不断地学习、参加体育锻炼和健身活动，增强体质，提高健康水平，使终身体育锻炼有明确的目的性，使体育成为人生中不可缺少的重要内容；二是在终身体育的健身思想指导下，以体育体系化、整体化、科学化为目标和手段，为人生不同时期，不同生活领域中，提供参加体育活动机会的实践过程。

（二）突出针对性

终身体育所指的对象是全体国民，在体育教育中，因为教育对象存在差异性，因此，教育内容方式应具有针对性。高校在对大学生进行终身体育教育时，要重视对学生的教法，要多给予学生鼓励和信心，不应过于看重学生的竞技体育能力，而是要考虑到每个学生不同的兴趣、体力和个体差异，创造个性化、个别化的教学环境，使他们学会体育技能，领会体育精神，使体育与生活相融合，养成健康的生活方式。

（三）科学的规划

1.设置的合理性

终身体育教育的教学内容应突出健身性和娱乐性，从培养兴趣出发，与当地的民风民情、地域差异及学生的个体差异相结合，采用灵活多样的教学方法，培养学生的生体育习惯和学习体育知识和技能。学习的目的要考虑到学生进入社会后工作的需要及根据社会变化做出相应的调整，对于一些简单而易于坚持的、不受年龄限制、具有较高锻炼价值的和具有延续性活动价值的体育项目要进行普及，增加体育人口，传播体育价值观，以吸引更多的人加入终身体育的行列，促进个体健康发展和社会的可出持续发展。

2.锻炼方式的科学性

随着社会的发展及在当今社会医疗保障还不太完善的现状下，人们越来越认识到体育是个体生命健康基本需要的途径，终身体育意识是增强了，但到底怎样的体育锻炼才能对自己有效果，这也是很多想参加体育运动的人面临的问题，鉴于此，高校体育教育交给学生科学的锻炼方式是终身体育教育的必备内容。

三、培养终身体育教育思想的措施

（一）终身体育意识的培养

面对世界新技术革命的挑战和激烈的人才竞争，要求人才必须有强健的体魄和充沛的精力，这就要靠作为社会基础的学校通过对学生终身体育意识的培养来实现，使学校与社会体育接轨。为高校学生在校养成终身体育的意识，高校体育教育必须更新观念，从根本上认识到终身体育教育不仅是社会发展的需要，也是个人生存、享受和发展的需要，而作为高校体育教师，对学生终身体育行为习惯的培养责无旁贷。

（二）体育兴趣的培养

兴趣属于人的个性心理特征，是人们从事某种活动的心理倾向，体育兴趣就是对体育活动的喜好。在高校学生中进行终身体育教育，首先要激发学生对体育活动的参与热情，从而培养学生对体育的兴趣和爱好十分重要。另外，在强调提高兴趣的同时还应注重学习创造性和学习主动性的培养，把以学生为主体的体育教育思想落到实处，尊重和爱护学生，充分发挥他们的个性和创造性，使学生积极主动体验体育运动的乐趣，养成锻炼的习惯，自觉地坚持体育锻炼。

（三）体育习惯的培养

终身体育习惯是经过反复练习形成的不需要意志努力和监督就能维持锻炼的自动化的行为模式。如果人们经过体育实践之后，能形成终身体育锻炼的习惯，那么终极性的体育动机——终身体育动机也就形成了。这种终身体育动机是一种自然、自发的人格发展。习惯的养成需要一个过程，体育教师可以通过各种手段加速这个过程，使学生及早养成终身体育锻炼的习惯。养成锻炼习惯是奠定学生终身体育基础的关键。

（四）体育能力的培养

在形成了终身体育的兴趣及习惯后，接下来就是培养终身体育能力了。兴趣无论多高，习惯无论多自然，没有终身体育能力也枉然。终身体育教育应重视对学生能力的培养。在体育教育中以传授知识技能为主，以掌握科学锻炼方法、知识为指导，重点加强对学生各种能力的开发，使学生今后乃至终身在各种生活工作条件下自觉锻炼，真正实现终身体育的长久目标。

（五）高校体育与健康教育相结合

随着社会的发展，人们的生活节奏越来越快，身心所承受的压力不断增大；科技的发展在给人们带来舒适的生活方式的同时，也引发了许多的健康问题。由此可见，终身体育的概念也就不能仅限于体育范畴内，它渗透着健康教育的思想、理论和方法，所以要加强学校体育与健康教育的结合，将身体锻炼、运动技能及健康理论融为一体，进行体育健康教育。通过学习使学生掌握多方面有关健康、健身的知识与方法，并积极投身于健身活动中，成为身心健全的健康人，提高人们终身身体的质量。可见，学校体育与健康教育相结合的教育是衔接学校体育与终身体育的根本所在，是实现终身体育的关键。

高校体育是学生在校学习的某一课程，也是学校体育的最高层次，是学生从学校走向社会的转折点，学与用的衔接点。高校体育是终身体育的重要组成部分，也是终身体育的基础，而终身体育又是高校体育的延续和发展，只有认清了它们的这种教育衔接关系，才能完成高校体育所赋予的任务，提高学生终身体育的能力。高校体育教育要充分利用学校为终身体育提供的良好实践环境，不失时机地加强对学生主体意识和终身体育思想的培养，掌握身体锻炼的方法，提高独立锻炼身体的能力，使之终身受益。

四、高校体育教育在终身体育中的重要意义

高校是培养人才的基地，体育教育是培养人才的基础，合格的人才除具有渊博的专业知识外，还必须具有一个健康的体魄。人才是知识的载体，而人才需要健康作为物质基础。体育的功能可以有效地改善和提高人体的健康状况。保持身体健康必然要长期不懈地、经常性地进行体育锻炼。但终身体育行为的形成还需要养成锻炼的习惯，了解相关的人体知识和掌握一定的健身方法，这些都是高校体育教育和教学的重要内容。可见，高校体育教育是学生终身体育习惯养成的一个最重要、最关键的阶段。高校是学生接受教育的重要阵地，其教育内容对学生的影响很深。高校体育教育应当不失时机地加强主体意识的培养，重复利用锻炼身体的过程，提高其独立锻炼身体的能力，强化终身体育观念，掌握锻炼身体的知识与正确方法，使高校成为实现终身体育行为习惯的实际场所。在终身体育的长河中，高校体育特别是体育教学任务是为学生终身进行体育锻炼做好智能储备和提高身心素质。可见，高校体育教育在终身体育中有其重要意义，终身体育思想是现代教育对体育教育的新要求。随着现代体育事业的发展，终身体育思想越来越显示出其重要性。终身体育不仅能培养德、智、体全面发展的人才，还可提高整个中华民族体质和培养大批优秀体育人才，对现代体育事业发展具有深远的现实意义和历史意义。

第二章 高校体育课程与教学改革

第一节 高校体育课程概述

高校体育课程是整个高等教育的基础课程之一，是完成高等教育目标和实现人才培养目标的主要组成部分。高校体育课程是指依据高等教育目标制定的高校学生在校期间各种体育活动的总体规划及其教育活动，是为实现高校体育目标而规定的体育内容及其结构、程度和进程，包括课程指导思想、课程目标、课程设置（课程号、课程名称、课程模式、学时计划、考试形式等）、课程内容、课程结构等方面。它是以发展大学生体能、促进大学生身心健康和获得终身体育能力为主要目的的一种特殊的教育性课程，它与其他课程相配合，以共同实现大学生身体素质、心理素质、思想道德素质、科学文化素质、专业素质和业务素质等方面的全面发展。随着社会的发展和教育改革的深化，以及国家培养人才的要求和学生自身发展的需要，体育课程的功能不断得到拓展和延伸。它所涉及的不仅是体育科目的内容及其活动领域，还包含着以潜在内容为活教材的整个高校体育活动。中华人民共和国教育部在《全国普通高等学校体育课程教学指导纲要》中明确提出："为实现体育课程目标，应使课堂教学与课外、校外的体育活动有机结合，学校与社会紧密联系。要把有目的、有计划、有组织的课外体育锻炼、校外（社会、野外）活动、运动训练等纳入体育课程，形成课内外、校内外有机联系的课程结构。"因此高校体育课程不等同于体育教学或教学大纲。体育课程和体育教学过程是有区别的。体育教学过程是一个以传授和学习体育知识技能为主的过程；体育课程则不仅是知识技能的传授，还包括身体锻炼这一部分。

为全面推进素质教育，充分体现"健康第一"、"以人为本"的现代体育教育理念和终身体育等指导思想，培养身心健康的具有创新精神和创新能力的"KAQ——知识、能力、素质"相结合的高素质复合型人才，从客观上要求对高校体育课程体系进行全面深化改革，才能构建适应新世纪社会发展的高校体育课程体系，使高校体育教学内容、课程体系和教学方法的改革不断引向深入，实现从单纯的体质教育、体育技能教育向综合素质教育转变，从以传授体育知识技术为重向知识、能力、素质并重转变，注重学生创新精神、创造能力的培养，注重学生个性的发展，因材施教，实现体育课程"校内外""课内外"一体化的体育大课程教育观。教育思想、观念的改革是长期的，贯穿于教育活动和教学改革的整个过程，在转变思想观念和进行高校体育教育改革与实践的过程中，全国高校在体育课程改革中经历了多个发展阶段并初步形成了各具特色的体育课程教学模式。

第二节　高校体育课程教学结构模式

为进一步深化高校体育课程体系和课程内容的改革，培养面向 21 世纪的优秀人才，高校体育教学是实施高校体育课程目标的主要途径，它已成为我国高校深化体育课程改革的核心。

自 1860 年世界上出现了第一所上体育课的大学——阿姆赫斯特大学开始，高校体育课逐渐被各国列入高校教育课程。体育课班级授课制形式是最早出现的体育课的结构形式，主要包括教与学的内容安排、练习之间的有机联系、时间分配等。20 世纪 80 年代以来，世界各国根据教育体制改革的需要，出现了形形色色的教学结构模式。归结起来，占主导地位的模式主要有以下三种：规格型、灵活型和自由型。规格型模式一般具有统一的计划与内容，有具体的要求和时间分配，将每节体育课分成准备部分、基本部分和结束部分，以苏联为代表，东欧及亚洲许多国家采用这种模式。灵活型教学结构模式一般具有较统一的教学大纲、计划和要求，但没有具体明确的教学任务和时间分配规定，而由教师根据教学的实际情况增减教学内容或自行创编教材来适应教学和学生的需要，以日本为代表。自由型模式一般没有全国甚至整个地区（州）统一的教学大纲和要求，教学组织显得较松散，充分按照教学对象的具体特点和要求来组织教材、安排教学内容及组织形式，美国、加拿大等北美国家，英国、法国等西欧国家以及挪威等北欧国家多采用这一模式。

一、美国高校体育课程教学概况

全美教育法未规定高校体育课程为必修课，整个国家也没有统一的体育教学大纲、教学计划和要求，而由各州自行制订。因此，美国高校体育课程的设置呈现出多样的格局，有的学校必修 1 ~ 2 年，有的选修 1 ~ 2 年或规定为辅修课程。多数高校对体育课程学习内容无严格规定，一般采取学分制管理制度，修完一学期体育课程，经考核合格计为 1 学分。高校体育课程教学形式多采取俱乐部制管理模式，由学生自己选择锻炼项目，教师根据学生需求、兴趣和满意程度开设不同类型、不同内容的体育科目，组织体育课教学的形式也多种多样。如有的高校在必修课或选修课期间，允许学生背背包参加爬山旅行、远足或到巴哈马群岛去开展自带吸氧器的潜泳运动，由学生自理各种相关费用，并可获得体育必修或选修成绩以及学位中的一定学分。教学过程注重学生参与过程和锻炼的情感体验，注重校内外、课内外的一体化建设，对体育师资采取非常严格的管理制度，一般采取招聘制，讲究学生满意度和教育实质，常常以学生受欢迎程度作为直接评判教学效果和决定是否继续聘用的主要依据。

二、日本高校体育课程教学概况

20 世纪 80 年代以来，日本根据教育改革方案，改变了体育课程教学结构传统的规格型教学模式，向灵活性多样化方向进行创新和改革，并逐渐形成了具有自己特色的高校体育课程教学体系。全国现行体育教学大纲有较严格的统一要求，但教学大纲教材选用更趋实用和本土化。各项教学计划一般只提出发展目标和内容，以及如何处理的建议，并积极鼓励教师从各地实际情况出发增减教材内容或创编新教材。根据不同教学内容、教学任务和教学对象确定不同理论的教材内容，并严格按照人体功能活动规律、教育学规律、人体生理心理活动规律来组织实施体育课程教学工作。对体育师资采取严格的管理制度，一般采取人事管理制，非常注重师资质量和业务能力，强调创新性教学。每年或一定阶段规定教师必须进行业务进修和培训，并经过相应教学业务主管部门的考核，追求学生满意度和教育实质，也常常以学生受欢迎程度来直接评判教学效果和决定是否继续聘用。

三、中国高校体育课程教学概况

国家规定普通高校一、二年级必须开设体育课，三年级以上可开设体育选修课。全国有统一的教学指导纲要，各省根据教学指导纲要制订适用于本地区内高校的体育课程指导纲要实施意见。20 世纪 80 年代中期以前，高校体育课程教学模式主要沿袭苏联的规格型模式，各学校有统一的教学计划、大纲和教学、评估要求，甚至有规范的课时"教学日历"，严格规定了教材内容、前后顺序安排、运动时间分配和运动量控制方法。课程结构普遍采用"三段式"结构模式，即准备部分、基本部分和结束部分。强调统一和规范，注重教学计划和教学内容的完整性、连续性；强调教师的主体地位。教学安排主要依据人体功能活动变化规律、运动技能学习规律来具体实施体育教学工作。80 年代以后，高等教育体制进行了一系列改革，逐渐建立了"健康第一"、"以学生为主体"的现代教育理念和科学的教育发展观，国家体育课程教学指导纲要更加注重指导性和引导性，强调体育教学基本目标和发展目标。高校体育课程也进行了全方位的深化改革，呈现出多样化的发展格局：体育课程设置由普通体育课改革为体育选项课，进而发展为教学俱乐部制；教学双边关系由"教师主体，学生主导"向"以学生为中心"、"学生是学习的主体，教师起主导作用"的方向发展；由注重遵循教育规律和学生生理发展规律，逐渐向注重生理、心理和社会的三维体育教育观转变。

四、高校体育课程教学结构的主要特征

（一）各国高校体育课程教学的共同点

体育课程教学的结构模式是一个国家学校体育课程内容和体系的反映，以适应其体育教学目的及任务的要求，受到社会制度、教育理念、课程设置等方面的制约，因此三种模式基本反映了各国不同高校教育体制的特点与体育教学要求。

（二）各国高校体育课程教学模式的特点分析

高校体育课程结构能否充分有效地实现本国体育教学目标。增进健康、增强体质、提高学生体育素养是目前我国高校体育教育的基本目标。20 世纪 80 年代中期以前，我国高校体育教学多以"技术学习"、"体质教育"为中心，沿袭苏联的规格型教学结构模式，其周密的计划性、系统性和严密的组织性、纪律性，对规范高校体育的有序性、提高体育教学质量和进行全面教学水平评估有积极意义。但这一模式过分强调统一性和计划性，显得过于死板，主体性不能发挥，因人因时因地制宜、实事求是原则不能很好地加以贯彻，学生的个性化需求得不到有效培养和发展。

灵活型的结构模式能体现计划性基本要求，教学模式具有相对统一性，同时针对不同教学目标、教学对象采用一定的弹性教材，由教师根据具体教学要求创编新教材，学生能在较明确的学习目标下，通过教师因人因时因地制宜的教材内容和教学方法，共同实现体育教学目标，同时学生的主体性得到充分发挥，个性、能力得到了培养。

自由型结构模式根据实用性原则进行，即没有明确的发展目标和统一的具体要求，一切教学课的结构围绕教学主题来展开和安排；没有相对固定的结构，灵活性强，教师自由度大，极大地发挥了教师的主动性和创造性。同时这一模式要求学习的主体具有较为扎实的体育基础、良好的学习习惯和学习能力，以及相对完整的水平，因此对学习主体的本身素质和素养具有一定的要求。

高校体育课程结构是否体现了体育教育指导思想和理论依据。体育课程教学结构的设计体现着体育教育的指导思想，规格型结构模式主要依据运动技能学习规律、人体功能工作活动变化规律、教学规律来安排教学计划，对体育技术学习、运动技能掌握与提高，以及增强学生体质、增进健康较为适合，但对培养体育素养和体育能力及发展个性不利。灵活型结构模式主要依据人体生理、心理活动变化规律和教育学规律来安排教学，对完成教学目标、发展个性、提高"教—学"主动性和创造性较为有利。自由型结构模式是按照人体生理、心理活动变化规律和能力发展机制来进行体育课的

设计和组织，对学习技术、掌握提高技能、提高身体素质较为不利，但对培养独立性、创新性和发展个性，提高团队意识和动手能力较为有利。

是否有利于"教—学"双边关系主体地位的充分发挥。学生学习的内在动力是鼓舞和推动学生学习的内驱力，学生学习的自觉性、积极性有时是自发的，有时也需要引导和激励，因此教师需要不断提高业务水平和教学的艺术性。提高教育质量的关键在于教师，充分调动教师的积极性和创造性是提高教学质量的基本前提和根本保障。规格型结构由于其计划、内容规定得过于明确和具体，在实际教学时较多地强调统一性原则而忽视适用性，教师为完成教学任务和教学内容按部就班，拘泥于形式而忽视学生内在的积极性和自身教学的创造性，教学气氛显得比较沉闷、被动。灵活型结构模式较好地避免了教学任务规定得太死、统得太多的弊端，又可以有效处理相对统一的教学目标和教学规范之间的矛盾，和谐地处理教法与学法、教师与学生、计划规定与弹性灵活之间的关系，教学气氛容易形成"团结紧张、严肃活泼"的生动局面。自由型模式使教师和学生的主体地位得到充分发挥，教师是教的主体，学生是学的主体，同时大家围绕共同的主题进行创造性的学习，容易取得独立的主见和相对统一的共性评价；但由于一切"以学生为中心"，不利于建立相对明确的教学计划、目的和教学规范，容易形成"一切从学生兴趣出发"的"实用主义"。

第三节　高校体育课程教学模式的演进与课程设置模式

由于受不同时期教育思想变迁的影响，我国高校体育课程教学模式也经历了不同的发展阶段，形成了不同时期占主导地位的教学模式和课程设置模式。

一、高校体育课程教学模式的演进

从强调体质教育为中心的"传习式"教学模式阶段，发展到强调以学生的体育知识、技术、技能的学习，培养学生体育兴趣爱好和良好的体育锻炼习惯，从而获得终生体育锻炼能力的"教养式"教学模式。随着"以人为本"、"健康第一"的现代体育教育理念的形成和科学发展观的树立，现代体育课程教学逐渐改革成为"以学生为中心"、"以教师为主导"的"培育式"教学模式阶段。

（一）"传习式"体育教学模式

"传习式"体育教学模式是指在体育教学活动中，根据人体生理发展的需要和动作技能形成的发展规律，通过教师传习和学生接受方式而形成的教学活动形式或教学现象。该模式突出了体育教学的健身性、教学性主要功能，强调学生"学习体育"的教学目的。在教与学的过程中，教师占主体地位，学生处于被动学习的状态，对学生的教育效果主要体现在生理和学习知识的变化上，忽视了学生主体的学习兴趣和本体的心理性反应，不利于学生学习能力的培养。

（二）"教养式"体育教学模式

"教养式"体育教学模式是指在体育教学活动中，根据人体生理、心理发展的需要，通过教师传习和学生主体能动性反应而形成的教学活动形式或教学现象。该模式突出了体育教学健身性的主要功能和教育功能，强调学生"学习体育"和"学会体育"的教学目的。在教与学的过程中，教师和学生处于"双边"的能动关系，对学生的教育效果不仅体现在生理性地变化上，也同时体现在心理活动方面。与"传习式"教学模式相比，该模式注重了学生学习时的心理需要，注重了学生主体性学习能力和锻炼能力的培养。

（三）"培育式"体育教学模式

"培育式"体育教学模式是指在体育教学活动中，根据人体生理、心理和社会发展的需要，通过教师和学生互动方式而形成的教学活动形式或教学现象。在发挥体育教学的健身性、教育性功能基础上，该模式强调发挥体育教学的社会功能，强调学生不仅"学习体育"、"学会体育"，而且"会学体育"的教学目标。构建教师和学生"以学生为中心"、"以教师为主导"的新型师生教学关系，对学生的教育效果不仅体现在生理、心理的变化上，也同时体现在综合体育素质和社会适应性能力方面。与"教养式"教学模式相比，该模式强调了学生社会尊重的需要，注重了综合体育素质和社会适应性能力的培养。

二、高校体育课程设置体系

高校体育课程是一门国家规定的基础性课程，按照《普通高校体育课程教学指导纲要》的精神，大学一、二年级为必修课程，三、四年级根据条件可开设选修课。各高校根据自身的特点和要求，逐步建立和健全富有学校自身特色的体育课程设置体系。就我国高校公共体育课程设置情况来看，以选项课为主要模式的高校体育课程设置体系已经形成。

三、高校体育课程设置模式

在贯彻现代体育教育思想，进行高校体育课程教学改革与实践的过程中，全国高校不同程度地进行了体育课程设置模式的改革，这些模式经过一定时期的发展、"沉淀"和"聚类"，基本可归结为以下 5 种典型模式。

（一）"选项课" + "校定特色体育必通课"模式

以清华大学为代表的部分高校建立了以一、二年级体育选项课教学为主体，并开设校定特色体育课程，要求每个学生必须通过校定必通课基本考核标准的课程设置模式。如清华大学要求男生人人能游泳 200 米，女生人人会编一套健美操；浙江工业大学要求人人通过"十二分钟跑"测试标准，重视体育课程"课内外一体化"建设，实施课余普通运动队和高水平运动队训练"两条腿走路"的工作路子。这一模式的采用，要求体育师资力量配备充足，学校政策、财力的大力支持，教师工作待遇有较好保证等条件，能使学生体育基本素质普遍较高，锻炼意识较强。

（二）"完全教学俱乐部"模式

以深圳大学为代表的部分高校建立了根据学生体育兴趣爱好，实行学生完全自由选体育项目、选时间、选教师的体育教学俱乐部模式，并将教学俱乐部延伸到课外体育俱乐部，教学模式采取指导制形式。这一模式的采用一般要求体育教学的场馆设备条件优良，并具有较强的吸引力，有完全学分制的教育制度管理，学生体育基本素质好，锻炼积极性高，有较强的自我锻炼和体育学习习惯与能力，教学时间充分保证，师资专业结构能充分满足学生学习的需要。

（三）"教学俱乐部" + "选修课"模式

以浙江大学为代表的部分高校建立了完全网上自由选课、选时间、选教师的体育教学俱乐部模式，教学方式仍以班级授课制进行，教学管理采取学期必修课或选修形式。教学俱乐部是介于体育选项课模式与完全教学俱乐部制之间的中间模式，这一模式的采用一般要求有一定的体育师资和项目群储备，学生可选择性要强，有专门的体育教学选课服务系统支持，对体育教学硬件设施的要求没有完全教学俱乐部制高，学生在选课的可选择性方面，易受授课时间、师资、课程设置模块的限制。

（四）"基础课" + "选项课"模式

以浙江中医药大学为代表的部分高校建立了一年级（或第一学期）基础课、二年级（或第二、三、四学期）选项课的教学模式。基础课一般按照行政班级授课，选项课采取网上选课或根据报名情况编制体育班的方式进行。这一模式较多地强调提高身体素质的重要性，有利于一些传统体育项目和校定特色体育的教学和考核，也便于教学的组织管理工作。

（五）"选项课" + "教学俱乐部"（含职业实用性体育内容）模式

以浙江金融职业学院为代表的部分高校，尤其是高职类院校建立了以一年级体育选项课、二年级按照所学专业的"准职业岗位"特殊体育素质和能力需求，开设含职业实用性体育教学内容的俱乐部教学模式。这是一种以就业为导向，强调体育教育实用性功能，以培养"准职业"人员岗位特殊体育素质和体育活动能力的新型模式。

第四节　体育学分制教学管理制度

学分制是随着选科制、选课制课程设置方式的出现应运而生的教学管理制度，在提倡"宽口径，实基础，重个性，善创新"的人才培养模式教育目标下，为满足开放式教育、远程教育、跨学科（跨学校、跨校区）教育等教育形式，需要采取相适应的教学管理制度。目前学分制已在国内外许多高校、科研院所推广实施，对培养多层次、跨学科的人才起到了一定的积极作用。学分制教学管理制度目前已成为高校教育管理的主导性制度，并将渗透到高等教育课程的各个层面，体育教育也不例外。

一、学分制的沿革

19 世纪 70 年代，学分制最早在美国的一些大学中随着选科制形式的产生而出现，20 世纪后逐渐流行于欧美一些国家的大学和科研机构，并作为相对科学合理的管理模式被越来越多的高校所采用，尤其在那些以市场经济体制为主的国家。我国学习西方学分制始于 20 世纪初的"新文化运动"。1919 年，北大实行了选课制和学分制；1923 年，蔡元培先生出任北京大学校长，主张采用学分制。在此后的半个多世纪，在教学管理制度上，大体经历了学年学分制（20 世纪 30—50 年代）、学年制（20 世纪 50—70 年代）、学年学分制（20 世纪 80 年代开始）的过程。1952 年为适应计划经济体制，改学分制为学年制；20 世纪 70 年代末，为加快培养建设四个现代化的人才，我国也开始实行并推广学分制。目前，我国高校存在着学年制、完全学分制和学年学分制三种形式，大多数实行了以学年学分制为主体的管理制度。

二、学分制的计量和质量评价方式

学分制是以学分为计算学生学习分量的单位。最常见的计算方法是：学生每周上课 1 学时，自学 2 学时，学满一学期，经考试及格者，得 1 学分；凡课外自学时间较少的课程，每周上课 2 ~ 3 学时，学满一学期，经考试及格者，得 1 学分；课外自学时间较多的课程，每周上课 1 ~ 2 学时，学满一学期，经考试及格者，得 2 学分；课外自学时间较多的课程，上课 2 学时计算 3 学分。凡达到最低毕业学分总数者，可提前毕业。学生如有其他原因，可申请减修某些课程，延长学习期限，学分累积有效。许多同级大学之间允许相互承认、转换和累计学分。

在实施学分制的基础上，为进一步检测学生在完成课程学分量的同时，许多高校逐渐完善了对其质的评价，如采用积点制（或称绩点制）。积点制是用以判断学生每门学科学习成绩的质量，以及学年和毕业总成绩质量的一种计算方法。积点的计算方法一般是：根据学生考试成绩的分数或等级换算成不同的积点数。以每门学科的学分数乘以相应的积点，得出这门学科的积点数。若采用五级评分制，其积点数可换算为优（4点）、良（3点）、中（2点）、及格（1点）、不及格（0点）。学生成绩是一学年（一学期）各门学科的积点总和，毕业成绩是各学年各学科的积点总和。有的学校规定各门学科平均成绩在良好以上者，发给学位证书；学生的毕业积点总数至少是总学分数的三倍，方能得到学位证书。美国一些大学在 20 世纪 30 年代初就采用积点制，我国一些大学在 20 世纪 50 年代后期开始实施。

三、对普通高校实施体育学分制的展望

随着我国高等教育体制改革的深入，实施高校学分制管理模式有利于更好地为实现培养 21 世纪高素质、复合型、富有创新精神和实践能力的各类专门人才的教育目标，有利于全面推进素质教育，贯彻因材施教、注重学生个性发展的原则，充分发挥学校和高教园区学科门类齐全、教学资源丰富的综合优势。随着全国普通高校体制的调整，高校间强强联合，跨校区、跨学科乃至跨学校选课是必然的现象，再加上许多高校实施了开放式、远程教育等教育形式，在其教学及成绩管理方面，学分制是目前比较科学合理的制度，将成为高等教育教学管理制度的主导模式。

高校体育教育是高等教育的组成部分，也是贯彻高等教育思想和实施高校教学改革的重要领地，随着高校学分制的进一步推广实施，高校实行体育学分制是高校体育教育改革的必然发展趋势。

体育学分制的实施必须建立在相对健全、科学合理的体育课程设置基础上。

体育课程可以按健身系列、球类系列（大球、小球）、娱乐体育系列、休闲体育系列、社会体育系列等多层次、多系列设置，有利于建立适合学分制教学管理的课程体系。

应该突破以行政班级、单元选课，由教务或体育部门确定任课教师的固有模式。体育学分的计量和质量评价不应拘泥于统一的教学时数和相同的学分。针对不同类型、不同目标、不同授课时数，可采取不同的学分计量方法和学分"滚动式"教学管理模式。

目前在任的体育教师必须进行继续学习，同时应培养教师一专多能、触类旁通的业务能力。学生有体育学习的要求，学校和体育部门应逐渐创造条件开设适应学生需求的课程（课目），以不断健全和完善高校体育课程体系。

鉴于高校实施相对科学合理的体育学分制受到学校体育课程设置、硬件设施、现有的规章制度、师资条件等诸多方面的制约，其实施的过程必然是渐进的，并具有艰巨性和挑战性。

体育课程的全方位多层次开设为选课制创造了条件，体育学分制的实施又有利于

选课制方式下的教学管理。高校体育实施学分制管理有赖于相对健全合理的高校体育课程设置及其建设，可多考虑其多方位、多层次性，尽可能从大一开始实施体育选项课。考虑到体育场地设施、教师师资、教学时间等因素，可将任课单元内的一、二年级进行集中选项，并通过同一课目的分层次设置体现区别对待原则。体育课程课目可设置几个系列，如健身系列、大球系列、小球系列、休闲娱乐系列及社会体育系列等，根据学校特点可设立限定必修课，也可采用限定系列任选课目的《国家体育锻炼标准》选项方式，在选课方式和编班方式上逐渐过渡到采用学生根据时间、爱好和可能选择课目及任课教师的模式，以便于体育学分制的顺利实施。

第五节　高职院校体育课程改革与实践

根据《全国普通高等学校体育课程教学指导纲要》的精神与要求，为全面实现"增进健康，增强体质，培养学生体育素养"的体育课程目标，使课堂教学与课外、校外的体育活动有机结合，学校与社会紧密联系，把有目的、有计划、有组织的课外体育锻炼，校外（社会、野外）活动、运动训练等纳入体育课程，形成课内外、校内外有机联系的课程结构。作为以就业为导向，培养职业型、技术型人才的高等职业院校，在体育课程指导思想、课程定位、课程内容、课程设置、课程教学模式等方面与本科院校在课程类型、教学特色等方面存在一定的差异性，同时为了积极弘扬"与时俱进"的改革创新精神，对高职院校体育课程改革和建设是非常必要的。

一、高职院校体育课程改革

（一）体育课程改革的指导思想

体育课程是全面贯彻党的教育方针、进行素质教育的重要组成部分。它是以身体锻炼为主要手段，理论与实践紧密结合，将学校体育教育与未来职业岗位的特殊体育素质、健康生活方式需求紧密结合，促进学生身心全面发展的教学课程。以邓小平理论和"三个代表"重要思想为指导，树立"以人为本"、"健康第一"的现代教育理念和全面和谐、可持续性发展的科学发展观，与时俱进，开拓创新，积极创设"课内外、校内外一体化"的体育课程结构，在增进学生健康、增强体质和培养体育素养的同时，针对高职院校职业性、应用型人才培养和"以就业为导向"的目标定位，积极开展职业实用性体育课程设置与建设工作。

（二）体育课程改革的目标

通过体育课程改革，实现进一步增进学生健康、增强体质和培养体育素养的课程目标，重视培养学生体育兴趣和终身体育锻炼的能力，强调适应和发展学生的个性，提高学生心理健康水平，注重基础性教学与职业岗位核心体育素质的培养，充分实现使学生"学习体育、学会体育和会学体育"的发展目标。同时，配合育人的总目标，把体育与品德教育、美育、劳动技术教育等有机结合起来，共同完成培养人才的目标。

（三）体育课程内容的改革

体育课程内容的改革要实现使课堂教学与课外、校外的体育活动有机结合，学校与社会紧密联系，使学校体育教育与职业岗位体育需求以及未来健康生活方式的需要有机结合。在体育课程内容改革方面，通过体育俱乐部的组织与建设，将课内选项课与课外锻炼俱乐部、运动俱乐部有机组合，设置以体育项目为纽带，以体育兴趣、能力培养为内容的"课内外一体化"体育课程。通过职业实用性体育选项课、俱乐部课程设置以及拓展基地的建设，实现以职业岗位体育需求为目标、以特殊体育素质和培养健康生活方式为内容的"校内外一体化"体育课程改革。实现体育课程内容的校本化和弹性化，体现职业特点和岗位需求，有利于建立课程教学结果评价与过程评价相结合的课程评价体系。

二、高职院校体育课程改革的实践

根据《全国普通高等学校体育课程教学指导纲要》的指导思想和要求，高职院校积极顺应高等教育改革的大趋势，积极推进体育教育的改革。以浙江金融职业学院为例（以下简称"学院"），从 2000 年筹建高职院校以来，在体育课程建设方面进行了一系列的教学改革，取得了一定的阶段性成果，为全面建设"示范性"高职院校，为精心打造"特色金院、活力金院、品牌金院"的奋斗目标做出了积极的努力。在建"课内外一体化"体育课程、创"示范性"高职院校体育特色的教学改革中，获得了学院教育教学成果一等奖。

（一）课程目标

至少使学生较为熟练地掌握两项运动技术，激发体育锻炼兴趣，养成良好的体育锻炼习惯和获得终身体育锻炼的能力。

将课堂体育选项课与课内体育俱乐部课程模式相结合，最充分地实现使学生"学习体育、学会体育"的课程目标。

通过成立学生课外体育锻炼俱乐部、运动俱乐部的方式，逐步实现体育课程"课内外一体化"，并逐步创造条件达到体育课程"校内外一体化"。

将学校体育课程目标与职业岗位体育需求、培养健康的生活方式相结合，加强职业实用性体育的教学，实现使学生"会学体育"的课程目标，有利于终生体育锻炼能力的培养。

（二）体育课程设置

一、二年级设体育必修课，三年级起根据需要和可能开设体育选修课。在一年级体育选项课基础上，二年级实行专业或类似专业的职业实用性体育选项课或教学俱乐部的课程设置模式。特殊体育教育采取"班级授课制"与"体育锻炼处方"相结合的教学模式。通过上述措施努力推进体育学分制教学改革，实现体育课程完全学分制管理制度。

1.体育选项课

（1）实施对象：大学一年级学生。

（2）课程内容：男女篮球、排球（含软式排球、沙滩排球）、乒乓球、羽毛球、网球、嗒嗒球、体育舞蹈和男子足球、女子健美操共9个体育项目。

（3）教学时数：每周2学时，每次90分钟。

（4）所修学分：2学分，每学期1学分。

（5）班级组成：原则上以系、专业为单位组班，先由体育教研室根据师资专业结构、任课周学时、任课时间等设定选项课模块，教务处采用网上选课系统进行分班选项。原则上每班以35人左右为宜，最多不超过45人，最少不少于25人。

（6）考核内容：按照教学大纲、教学计划与考核要求、评分标准执行。

2.体育教学俱乐部

（1）实施对象：大学二年级学生（含"3＋2"学生的第一学年）。

（2）课程内容：体育选项与职业实用性体育课程。

（3）教学时数：每周2学时，每次90分钟。

（4）俱乐部组成：原则上以系、专业为单位组班，先由体育教研室根据师资专业结构、任课周学时、任课时间等设定俱乐部活动模块，教务处采用网上选课系统进行俱乐部选项，原则上每个俱乐部以50人左右为宜。

（5）考核办法：以参与率和综合学习能力为主要考核指标，注重过程评价和相对评价。

3.运动俱乐部（学院单项基本运动队）

运动俱乐部是学院常设的基本代表队，以提高运动技术水平为主要目的，根据自愿、业余原则，选拔一批具有一定运动技术水平的体育爱好者，将他们组织起来进行锻炼，必要时可代表学院参加一般性的校际体育比赛和俱乐部杯比赛，不发放训练补贴和运动服装；在学院参加市级以上大学生体育比赛时，原则上以所设项目运动俱乐部成员为主体，组成学院代表队。

（1）实施对象：具有一定体育基础和运动技术水平，想要进一步提高运动技术水平的在校大学生。

（2）运动队名称：男子篮球、女子篮球、女子排球、男子足球、男女乒乓球、男女羽毛球、男女网球、女子健美操、男女田径队共9个运动队。

（3）运动次数：每周1～2次，每次60分钟以上。

（4）运动时间：由教练与俱乐部会员协商确定。

4. 课外体育锻炼俱乐部

通过课外体育锻炼俱乐部的组织与建设，实现学院体育运动普及与提高相结合，努力营造校园体育文化氛围，推进"课内外一体化"体育课程改革。

（1）实施对象：所有在校学生（不含运动俱乐部成员）。

（2）俱乐部项目：男子篮球、女子篮球、女子排球、男子足球、男女乒乓球、男女羽毛球、男女网球、女子健美操、男女体育舞蹈（唯我独尊俱乐部）和疾速轮滑共10个课外体育锻炼俱乐部。

（3）锻炼时数：由各俱乐部确定，体育教研室统一协调。

（4）俱乐部组成：原则上以学院为单位，根据学生报名情况等设定俱乐部活动模块，由学院学生会文体部负责招聘俱乐部会长、副会长，组成单项课外体育俱乐部，实行"自主、自治、自我管理和自我发展"的工作方针，原则上每个俱乐部以30～50人为宜。

（5）考核办法：以参与率为主要考核指标，实行锻炼一次考勤一次的办法。一学期实际参与次数累计少于3次者作自动退出俱乐部处理。

（6）管理办法：第一学期以成立俱乐部、纳新和开展俱乐部活动为主，第二学期以举办体育俱乐部杯比赛为主，在可能的条件下进行校际间的体育交流。

5. 学生课外自主体育锻炼

（1）实施对象：所有在校学生（不含外出实习者）。

（2）锻炼形式：不限。

（3）锻炼时间：课余时间。

（4）考勤管理：实行定时考勤制度，时间为每学期开学的第二周至学期停课考试开始前两周。每周一至周五6：30～7：00早锻炼，16：15～17：00课后体育锻炼为常规性考勤时段。

（5）考勤基本次数的规定：按照每天一小时的锻炼计划，结合体育课程设置、课外体育俱乐部参与情况以及天气原因，以可出勤次数的85%为基本出勤次数，规定所有学生（因身体原因的特殊学生除外）在校期间每人每月早锻炼和课后体育锻炼各8次为基本出勤次数，并实行"缺一补二"（上月不足基本考勤次数一次，则下月必须补足两次，以此类推）和"以一罚三"（对考勤作弊的学生实行体育综合测评"黄卡"警告，当月作弊一次在下月补足三次）的管理制度。

（6）考勤管理：由各系学生会体育部分别落实学生体育骨干担任考勤员，学生会文体部负责考勤纪律的督察工作，体育教研室每天派一名教师进行巡查和技术指导。

学生参加课外体育锻炼情况作为学年综合测评中体育评分的主要内容。

6. 特殊体育教育课程

（1）实施对象：生理上残疾，因病、因伤以及个别体质较弱、不能参加体育选项课或学生课内体育俱乐部活动的学生。

（2）实施过程：凭市级以上医院证明，本人申请，经所在系批准，教务处审核同意，由体育教研室落实特殊体育课程教学和"锻炼处方"。

（3）教育形式：特殊体育课教学和"锻炼处方"个案指导相结合。

（4）评价方法：按照特殊体育教学考核内容、标准以及"锻炼处方"完成情况作为评定依据，以参与率为主要指标，采取过程相对评价为主、结果绝对评价为辅的评价方法。

三、体育课程"课内外一体化"建设

学院在全面开设体育选项课基础上，全面构建了集课内教学俱乐部（含职业实用性体育教育）、课外运动俱乐部、课外体育锻炼俱乐部以及特殊体育课程教学、体育选修课的多类型体育课程设置体系，促进了课堂教学与课外体育活动有机结合、学校体育与未来职业岗位体育素质需求相结合、体育运动普及与提高相结合，通过有计划、有目的地组织与管理，初步完成了具有学院特色的体育课程"课内外一体化"的建设工作。其意义主要体现在以下三方面。

拓展了高职院校体育课程的内涵，将课外体育活动、校外体育活动纳入体育课程，有利于学生更好地完成"学习体育、学会体育"的教学任务。

拓宽了高职院校体育教育的功能，将职业实用性体育课程纳入体育教学内容，突出体现了高职院校的办学方向和教育特色，有利于培养学生的未来职业岗位能力，更具有实用性。

促进了校园体育文化建设工作，营造了良好的体育锻炼和育人环境，培养了学生终身的体育锻炼习惯和能力。

第六节 高校特殊体育教育

伤、残、病、体弱及特殊体型的受教学生一直是体育教育中的弱势群体，长期以来，其教育与管理大多处于流于形式、"得过且过"的状态，成为体育教育中"受照顾"的对象。这一弱势群体随着高校招生规模的日益扩大，其数量正逐年提高，成为不可忽视的受教群体。据相关文献资料报道，目前高校在校生中伤、病、残者占5.3%，体弱者（入校时 100 米、铅球和立定跳远三项身体素质测试不足１００分）占 13.6%，再加上特殊体形者（尤以肥胖者居多），高校特殊体育"准受教"人群将近 20%。由于体育教育的特殊性，为全面贯彻我国的教育方针，实施素质教育，对这一特殊群体必须采用相适应的体育教育计划、教材，并制定相应的体育规定，才能有利于高校体育教育目标的全面实现。长期以来，这些特殊学生群体在小学、中学体育教育阶段，常常是体育教育的照顾对象，接受体育教育的程度不高，也不够全面，在高等教育阶段，他们若再接受不到良好的体育教育，将成为我国学校体育教育的弊端。

一、开设特殊体育教育的目的

众所周知，锻炼可以促进身体健康，增强体质。身体受伤或患病后，由于部分肢体或器官受到损伤，如果基本上或完全停止了体育活动，其日常生活中的体力活动也大大减少，就会使他们的运动器官及其相关器官、各个系统的功能也相应下降。这不仅表现在速度、灵敏度、耐力等素质方面，而且也反映在内脏功能上。由于功能下降，又进一步限制了进行体力活动和参加体育活动的可能性。因生理结构变化而造成身体残疾的学生，一般情况下缺少与人的交际、合作和竞争，缺乏与正常人一起参与体育锻炼的机会，对其进行特殊体育教育有以下几方面的积极意义。

（一）培养积极参与体育锻炼和社会活动的能力——"笑对人生"

通过经常性地锻炼，可有效地改进各器官、系统的生理功能，提高机体的工作能力，最大限度地弥补因伤、残、病所带给他们的困难。特别是在青少年时期，身体发展的可塑性很大，受伤害部位仍有着转移的可能性。"用进废退"。进行合理地功能锻炼，不仅避免了身体部分肌肉的萎缩和神经坏死，而且使机体重新获得改善与发展，即使是难以恢复的肢体功能。由于人体是一个整体，各部位、系统之间具有相辅相成的作用，其他部位的功能增强了，自身也能得到部分代偿。

（二）促进学生心理康复，改善心理素质

积极的体育锻炼可以提高人们奋发向上的勇气，扬起生活的风帆。特殊学生参加体育活动是接触社会非常有效的途径，各种形式的体育活动为特殊学生与现实世界之间架起了桥梁，使他们能克服自卑，树立信心，走出封闭的内心，融入社会。同时，与社会广泛接触，参加集体活动，养成时间观念，还能感受到个人在社会中的价值和地位，获得满足感和自尊感，治愈因伤、病、残所带来的精神创伤。因此，开展特殊体育教育活动是一项积极有效的身心康复手段。

（三）展示学生的身体潜能，激发工作热情

特殊体育可以克服缺陷，通过意志、技能、体育的较量，向生命潜能挑战，展示

人的创造力和价值，陶冶情操，增强人们生活的信心和勇气。已故的日本著名康复医学家、体育家中村裕先生说过："残疾人体育运动不仅是为了比赛，它的主要目的是通过体育运动把残疾人从病房和家庭解放出来，走向社会，享受与健全人同等的待遇。"不论是在其他国家还是我国，残疾人体育竞赛都以其不畏艰难、百折不挠、乐观进取、顽强拼搏的精神和对人生的深刻理解而为世人瞩目，它不仅有强烈的竞争性，而且有很强的感染力，给观众以体育之外的深刻启迪。

因此，特殊学生积极参加体育活动不仅能够增强体质，改善因伤、病、残引起的肢体功能障碍，而且增添了生活情趣，陶冶了情操，促进了身心健康，扩宽了生活领域。特殊学生参加特殊体育课程学习，是他们与社会交往的有效手段，是一项非常有意义的社会活动。

二、高校特殊体育教育的意义

高校特殊体育教育的概念目前尚无明确的定义，从高校学生从事普通体育锻炼的实际能力出发，高校特殊体育教育可定义为：在高等院校中，对伤、残、病、体弱及特殊体形的学生实施的体育教育。之所以将其称为特殊体育教育，主要是为了区别于传统的体育保健课教学。目前高校体育保健课受教对象主要是一、二年级的伤残学生，他们的体育教育尚未达到从入学直至毕业的一贯制教育水平，尤其是缺乏课后体育锻炼和职业实用性体育素质的培养。将体弱和特殊体形者列入高校特殊体育教育对象，主要是因为他们中的绝大多数在正常的体育达标考核中常常处于劣势，导致体育成绩不及格（事实上他们即使再努力，及格的可能性还是很小），这意味着他们从一跨进大学校门起就注定不能升学，也拿不到毕业证书。如果不将他们列入特殊体育受教范围，而仍沦为受照顾的对象，必将有悖于现有的有关体育法规制度，造成教学管理的混乱。

三、实施高校特殊体育课程教育的分析

伤、残、病、体弱及特殊体形者是高校体育教育对象中的弱势群体，随着招生规模的不断扩大及全社会对特殊教育的日益重视，其群体将不再成为不可忽视的部分，应引起高校教育部门的高度重视。

目前浙江普通高校绝大多数已开设了特殊体育课程，一般院校、非综合性高校应加强特殊体育课程的具体实施工作。目前尚缺乏统一的特殊体育教材、大纲和有关的体育考试规定及标准，多由任课教师自定。建议高校有关部门尽早制定针对不同身体条件特殊学生的体育教学大纲等指导性文件，编写适合特殊学生体育学习的体育教材。

鉴于目前高校特殊体育课程一般以体育保健课模式出现，受教对象仍局限于伤、

残、病者，未顾及体弱及特殊体形者，需要将体弱和特殊体形者列入受教对象。

目前采用的是任意安排体育教务人员或选派年长的武术专业老师为主的教师上岗派遣制度，到岗后固定性较强，存在较大的局限性。在高校特殊体育受教对象中不存在弱智人群，以体弱者居多，其次为因病未完全痊愈者，特殊体形的学生主要是指过度肥胖者，伤残者主要以小儿麻痹后遗症居多，还有如截肢、骨软骨发育不良、脊柱畸形等。试想这些身体条件参差不齐、连基本的上下肢活动都无法统一完成的受教群体，如果得不到良好的特殊体育课程教育，如何保证教学任务的顺利完成？只能造成教学流于形式、得过且过、教师学生被动的局面。

采用高校特殊体育教育"教师负责制"是一种积极有效的途径。即在学生入学时就实行由一名教师负责身体条件基本相似的若干名特殊学生，对他们的体育教育全程负责，直至其毕业的教育管理制度。调查统计结果表明，大多数现任教师对这一方式持肯定态度，但这项系统工作能否顺利进行尚须得到学校有关部门的支持和配合。

四、特殊体育教育"运动处方"的实施

随着国家、社会对残疾人教育问题的日益重视和招生规模的日益扩大，高职院校中残疾学生的比例不断提高，再加上因伤、病、体弱不能参加正常体育教学的学生，他们的体育教育已成为不可忽视的教育问题。在小学、中学体育教育环境下，他们常常是体育教育的受照顾对象，由于缺乏活动伙伴、自卑心理等原因，他们接受体育教育的程度、深度及参与率、可参与条件普遍不高。浙江省至今仍没有统一的体育保健课专门教材，开设体育保健课的班级授课内容以太极拳、羽毛球、体育理论等集体性授课形式为主，课外体育教育工作基本处于学生自主状态。在推进体育素质教育过程中，对伤、病、残、弱学生的特殊体育教育问题已成为高职院校体育教育改革面临的现实课题。

（一）特殊体育教育课程设置

改革原有保健课班级授课制设置模式，实施教师"一对一"指导的"运动处方"个案教育模式。针对特殊学生不同的身体条件进行分类，教研室大多数教师分别作为指导教师。

（二）特殊体育教育的指导形式

开学初期，由指导教师与学生进行面对面的交流，共同制定教育计划。学生可在教师现有教学授课单元内自由选择随堂听课，参与班级体育活动，其余时间建立自主学习、锻炼、自我监督登记制度，并建立不定期向指导教师交流汇报制度。

（三）实行"运动处方"个案教育"契约制"

开学初期，指导教师与受教学生共同制订"运动处方"个案教育计划，并以此作为师生在本学期共同遵守的"契约"，实施"一对一"指导制度。该个案教育计划一式四份，分别交给指导教师一份、受教学生一份、学院教务处一份、体育教研室一份。

第三章 高校体育课程资源开发

第一节 体育课程资源概述

一、课程资源的概念

资源也就是资财的来源，是指自然界和人类社会中能创造物质财富和精神财富的各种客观的来源。拥有资源越多，开发利用资源的程度越高，对事物的顺利运行就越有保障。在我国课程资源这个名词在 2001 年才开始流行起来，它是指形成课程的要素来源以及实施课程的必要的、直接的条件，又称为教学资源，它主要是以学科内容或教学过程的视角来看资源，一切教学资源或学习资源往往都是以课程资源的形式来呈现的，课程资源是教学资源和学习资源的逻辑基础。关于课程资源的定义众说纷纭，并没有统一的、准确的定义，主要是从以下两个方面来进行阐述的。

（一）从内涵上进行阐述

"十五"规划教育部重点课题"高校校本课程资源开发的研究与实验"课题组编写的《校本课程资源开发指南》中对课程资源的解释是这样的：课程资源（Curriculum Resource）也称教学资源，就是课程与教学信息的来源，或者指一切对课程和教学有用的物质和人力。

顾明远先生在其编著的《教育大词典》中提出了教育资源这一概念，其含义与课程资源相类似的，即"教育过程中所占用、使用和消耗的人力、物力和财力的总和"。

徐继存等指出："课程资源是课程设计、实施和评价等整个课程编制过程中可以利用的一切人力、物力以及自然资源的总和，包括教材以及学校、家庭和社会中所有有助于提高学生素质的各种资源。课程资源既是知识、信息和经验的载体，也是课程实施的媒介"。

吴刚平先生从相对宏观的角度提出并论证了课程资源的基本概念框架，指出："课程资源的概念有广义和狭义之分，广义的课程资源是指有利于实现课程目标的各种因素，狭义的课程资源是仅指形成课程的直接因素来源。并指出广义的课程资源是指"形成课程因素来源与必要而直接的实施条件"。钟启泉教授在《基础教育课程改革纲要（试行）解读》一书中也认为课程资源的概念有广义和狭义之分。广义的课程资源指有利于实现课程目标的各种因素。狭义的课程资源仅指形成课程的直接因素来源。

范蔚认为：资源从本义上讲是某种物质的天然来源，是本来就有的，课程资源也是客观存在的各种事物，而课程是教育系统中的基本要素，是为实现教育目的服务的。尽管当前对课程的理解存在着分歧，但"课程目标指向学生的发展"、"课程内容富含教育性"等认识，是被广大教育工作者所认同和接受的。所以她将课程资源定义为"富有教育价值的、能够转化为学校课程或服务于学校课程的各种条件的总和"。

《辞海》中"资"是指：资材、供给、资助。"源"是指：水流所从出，引申为事物的来源。在《现代汉语词典》中"资源"是指：生产资料和生活资料的自然来源。在《世界图书字典》（The Word Book Dictionary）中，"资源"（resource）是指："供满足需要的东西"或"储备以备需要时提取"。根据以上的描述，范兆雄在其《课程资源概论》一书中将课程资源定义为："供给课程活动，满足课程活动需要的一切"。

（二）从外延上进行阐述

课程资源的范围是比较宽泛的。美国课程专家泰勒提出课程资源包括"目标资源、教学活动资源、组织教学活动资源、制定评估方案资源"[2]；坦纳夫妇从社会、知识世界和学习者的本质探讨了课程来源；也有学者指出课程资源系统是由人、材料、工具、设施、活动等5种要素构成，这些要素在不同状态下有不同组合和各种表现，从而形成了课程资源的多种多样状态。"按不同的分类标准，可把课程资源划分为不同的表现形态：按组成要素分，有人力、物力、财力等资源；按空间范围分，有校内资源和校外资源；从运动特征分，有静态资源和动态资源；以在教育发展中所起的作用分，有现实资源和潜在资源；从开发利用角度分，有原生教育资源、衍生教育资源、衍生教育资源、创生教育资源；从产生过程分，有保持性资源和生成性资源；从物理特性与呈现方式分，有文字资源、实物资源、活动资源、信息化资源；按功能特点分，有素材性资源和条件性资源；按存在形式分，有显形资源和隐性资源，或物质形态资源和精神形态资源等"。

以上各学者虽然从不同的角度给课程资源下了定义，但一个共同的特点是都对课程资源的理解有新的认识。我认为对课程资源的理解，关键是对课程的把握和理解。传统课程论与现代课程论对课程的理解有很大的分歧。正确地认识课程，这将有利于我们对课程资源的深入研究，把握它的研究范围、了解它的特性。

二、体育课程资源的概念

体育课程资源是一个崭新的概念，目前还没有明确界定。施小菊在《试论体育与健康课程资源及其开发与利用》一文中指出：体育与健康课程资源即是指形成体育与健康课程的要素来源以及实施体育与健康课程的必要而直接的条件。根据这一概念，她将体育与健康课程资源分为素材性资源和条件性资源两大类。体育与健康课程的素材性资源主要包括体育与健康知识、体育锻炼手段与方法、体育教学组织与方法、体育目标、体育情感与价值观等五个方面。体育与健康课程条件性资源主要包括实施本课程的人才资源、财力资源、时间资源、空间资源和体育器材用品资源等五个方面。

2005 年，张学忠等人以新课程改革思想为指导，依据现代课程论的基本观点和方法，对体育课程资源的基本概念、类型、结构、特点和如何开发利用等若干理论问题提出理性思考，为体育课程资源开发实践提供了理论参考。他们在《学校体育课程资源若干理论问题的研究》一文中对体育课程资源范畴进行了描述，认为体育课程资源是指直接构成体育课程的素材和课程实施的基本条件。体育课程资源概念，属于狭义概念。从构成体育课程的素材而言，首先指体育教材资源，如知识、技术、技能、锻炼的组织形式与方法，以及管理者、教师和其他相关人员的思想、情感、创意、才能、价值观和培养目标等资源。其次指传媒信息资源，如社区、国内外各类体育活动和竞技比赛、体育科技、体育音乐、体育艺术和其他体育事务活动等信息资源。就课程实施条件资源而言，其一它主要指有关体育课程教育的管理体制以及相关的法律和法规等资源；其二是体育课程管理者、教师、教练员、辅导员、学生和家长等人力资源；其三是场地、器材、相关设施和财力投入等物力和财力资源；其四是地理和气候、自然环境等资源。

笔者认为对体育课程资源的理解应包含以下几层意思：体育课程资源是指有可能进入体育课程活动，直接成为体育课程活动内容或支持体育课程活动进行的无形与有形的一切因素，是学校教育资源的重要组成部分。体育课程资源是保证体育课程目标实现和体育课程顺利实施的基础，同时也是体育课程因素的天然来源和体育课程实施的条件。体育课程实施的范围和水平，不仅取决于体育课程资源的丰富程度和拓展宽度，更取决于体育课程资源的开发和利用效率。虽然体育课程资源是潜在形态的课程，但如果没有体育课程资源就没有体育课程存在，没有广阔而开放的体育课程资源根基，就没有动态生成的现代体育课程。

三、体育课程资源的分类

关于体育课程资源的分类，目前的研究非常少。体育与健康课程标准（实验稿）（以下简称课程标准）中虽未明确对体育课程资源进行系统分类，但却指出《体育与健康》课程资源的开发与利用应从人力资源的开发、体育设施资源的开发、课程内容资源的开发、课外和校外体育资源的开发、自然地理课程资源的开发和体育信息资源的开发等几方面着手进行。在人力资源开发方面，课程标准中指出了许多人力资源，如班主任、有体育特长的教师、校医、社会体育指导员、家长等以前我们都没有利用到的资源。在体育设施资源的开发中，课程标准中主要从五方面进行阐述：①发挥体育器材的多种功能；②制作简易器材；③改造场地器材，提高场地利用价值；④合理布局学校场地器材；⑤合理使用场地器材。在课程内容资源的开发方面，课程标准明确提出了体育与健康课应注意对现有运动项目的改造，对新兴运动项目的引进以及对民族、民间传统体育资源的开发。在课外和校外体育资源的开发方面，课程标准主要从课外体育资源和校外体育资源的开发方面进行了阐述。在自然地理课程资源的开发方面，课程标准主要从利用地域特点及季节特点等方面进行了举例说明。在体育信息资源的开发方面，只做了较为简单的阐述。

总之，体育课程资源的内容极其丰富。既有来自自然界的，也有来自社会的；既有显形的，也有隐形的；既有校内的，也有校外的；既有人力的，也有物力的。从不同的角度出发就有不同的划分方法。体育课程资源主要有以下几种划分方式。

（一）根据存在方式来分

1. 显形课程资源

显形体育课程资源是指看得见摸得着，可以直接运用于教育教学活动的体育课程资源。如教材、计算机网络、自然和社会资源中的实物、活动等，它是实实在在的物质存在。显形课程资源可以直接成为教育教学的便捷手段或内容。相对易于开发与利用。

2. 隐形课程资源

隐形体育课程资源是指以潜在的方式对教育教学活动施加影响的课程资源。如校风、社会风气、家庭气氛、师生关系等。与显形课程资源不同，隐形课程资源的作用方式具有间接性和隐蔽性的特点。它们不能构成教育教学的直接内容，但是它们对教育教学活动的质量起着持久地潜移默化的影响。

（二）根据空间分布来分

1. 校内体育课程资源

凡是在学校范围之内的体育课程资源，就是校内体育课程资源。它是实现课程目标，促进学生全面发展的最基本、最便利、最直接的资源，如学校师资结构、师资水平、学校体育场地、体育器材设施、校纪校风、校容校貌等校园人文环境等。

2. 校外体育课程资源

校外课程资源包括学生家庭、社区乃至整个社会中各种可用于体育教育教学活动的设施和条件以及丰富的自然资源。如社区体育设施、体育人文环境、国内外体育活动和比赛信息、国家经济和人民群众对体育的需求、山川河流、沙漠高原自然环境等。校外体育课程资源可以弥补校内体育课程资源的不足，充分开发与利用校外课程资源能为我们转变教育教学方式，适应体育课程的改革与发展提供有力的支持和保证。

（三）根据功能特点来分

1.素材性体育课程资源

素材性资源是指组成体育课程材料的基本来源，其特点是作用于体育课程，并且能够成为体育课程的素材和来源。如国家颁发的体育课程指导纲要、国家体育课程标准、体育教材、各种参考资料；体育管理人员的思想、情感、智慧和创意；体育科技、历史、文化艺术、各种媒体（电视、电影、网络）信息等。

2.条件性体育课程资源

条件性资源是指体育课程实施的基本条件要素。其特点是作用于课程，但不是形成课程本身的直接来源，不是学生学习和收获的对象，但它在很大程度上决定着课程实现的范围水平。如直接决定课程范围的体育教师、教练员、校医务人员、课程管理者等人力资源；体育场、馆器材、设备等物力资源；学校教育经费投入、社会资助等财力资源；社会自然环境等。在现实中，其实有些资源既包含着体育课程的素材又包含着体育课程的条件，如人力资源、网络资源、环境资源等。

（四）根据性质来分

1.自然课程资源

自然课程资源具有"天然性"和"自发性"。我国幅员辽阔，山川秀美，物产丰富，可以开发与利用的自然课程资源极为丰富。例如，可以充分利用空气、阳光、水、江、河、湖、海、沙滩、田野、森林、山地、草原、雪原、荒原等条件，开展野外生存生活方面的教学与训练，开发自然环境资源等。认识自然，融入自然，与自然界和谐共处，是学生素质养成的重要内容，也是整个课程编制过程应体现的一个基本理念。

2.社会课程资源

社会课程资源带有"人工性"和"自觉性"的特点。人们可以开发与利用的社会体育课程资源同样也是多种多样的。如以家庭体育、社区体育、假日体育、民族传统体育等方式所开展的体育活动；为了保存和展示人类体育文明成果的公共设施如体育博物馆、体育展览馆雕塑；健身娱乐中心、体育运动中心高水平运动训练基地与体育科研所等。

（五）根据存在状态来分

1.潜在的体育课程资源

潜在的体育课程资源是指体育课程资源的课程功能处于潜在状态，而不是资源本身处于潜在状态。这类体育课程资源隐藏在历史与现实的交汇上和有形与无形的教育资源、社会资源之中，不具备直接的、显性的课程价值，需要主体在开发利用中进行合理有效地赋值与命定，即赋予并提升其课程潜能，才可能进入真实的课程资源领域，再经过开发利用转化为现实课程的组成部分和实施条件。关键在于课程主体能否对其赋值，赋予其什么意义及何种程度的课程潜能，如校风校貌、学校的体育氛围及体育文化氛围、学校的体育传统、学校的体育规章制度、班级的体育风气、体育教师的素养、师生关系的和谐及合作程度、学生的敬业精神和团队精神、体育场地设施的布局与感染力、有体育特长的教师和学生的感召力与影响力等。

2. 现实存在并已开发的体育课程资源

这类课程资源是形成体育课程因素基本来源。主要包括体育教师、学生、体育课、体育教材、各种参考书、教学大纲、教学计划、教学进度、教学器材、校内体育场地设施、早操、课间操、课外体育活动、运动队训练、校内运动会与各种体育竞赛、体育夏（冬）令营等。

3. 现实存在但未开发利用的体育课程资源

这是指已经具有课程潜能的那部分资源，它是体育课程资源的直接的存在形态。如校内外有体育特长的班主任、辅导员、校医、社会体育指导员、家长、学生骨干等；校外体育馆、健身中心、康复中心等；大型运动会、体育节、社区体育、家庭体育等；图书馆、博物馆、科技馆等；利用广播、电视、网络等获取体育信息，观赏体育比赛，并充实更新体育课程内容；利用江河、湖海、荒原、丘陵、森林、田野、高山、海滩、河滩等开展安全有益的野外生存、生活方面的教学与训练以及各种体育活动。这类资源易于开发，效果明显，只要在体育课程实施中合理开发利用，这类资源就会很快转化为体育课程组成部分和课程实施的条件，发挥其课程价值。

4. 已开发待利用的体育课程资源

这类课程资源价值的发挥必须通过体育课程实施、通过师生的互动和交流才能体现。当前由于教学方式和场地及设备条件等的限制，很多课程形态未能进入课程实施阶段，造成体育课程资源的闲置和浪费。如对现有体育运动项目的适度改造；对新兴和民族民间传统体育项目的开发利用；科学合理编排体育课表；合理布局和使用场地器材；发挥体育器材的多种功能；一些优秀体育教师的教学录像带、光盘、课件、论文论著等，大都尚处于闲置状态，对这类课程资源需要合理管理和有效利用。

5. 待创生的体育课程资源

从总体上看，体育课程资源应在时间、空间和主体的 3 个方面把握。除横向外，从纵向上看，则有历史、现实和未来 3 个时间段的体育课程资源，也就是说，还应该有现实中还没有的并且在未来意义上需要经过主体赋值的课程资源，即待创生的体育课程资源。这类资源是主体依靠自身的智慧在一定的时间、空间条件下创造的。与体育课程教学有关的人员可以创生体育课程资源，其他人员也可以创生体育课程资源，只是需要课程资源开发利用者主观的命定和筛选，并把创生的资源合理有效地运用到课程及课程实施中去，如开发体育远程教育资源、创立新兴运动项目等用于课程教学与训练。

第二节 体育课程资源系统的构建

一、体育课程资源基础建设的目标

资源建设存在着许多层次和领域，对它的目标进行描述是比较困难的，资源建设目标又与时间有着密切关系，不同的历史时期有着不同的目标。因为体育课程建设的目标十分明确，是为实现教育目的而服务的。但仅此不够，它还不足以明确指出体育课程资源建设的方向。从管理学的角度，人们经常采用目标管理，资源建设可以借鉴此种方法，划定资源建设目标层次。再根据不同的层次确定不同的目标，将目标与目标之间的连接搞清楚。最后，将建设任务一项一项落实到这些目标，并检验建设任务完成后，检查总目标的实现程度，从而反馈调整下一轮目标的制定。

（一）体育课程标准的层次与资源建设目标

体育课程标准实行的范围较广，所以标准必须有较大的灵活性，在执行过程中要留有机动的余地。一般人们在制定体育课程标准时，都要思考课程标准层次的课程资源，对这个问题至今并未能认真研究，大多数情况只是体育课程专家和体育教师对体育课程标准的资源背景有所了解。实质上体育课程标准建设的资源，就是这些参与人的构想。

由于缺少体育课程标准层面的资源建设目标，所以导致体育课程改革提出的课程标准与体育课程资源有一定距离，致使改革只能停留在标准上，或者是用老套路对付新教材来开展教学，体育课程改革成效甚微。要解决这一问题，必须在制定体育课程标准时，研究支撑课程标准的课程资源建设的目标，弄清体育课程标准制定的资源情况，才能真正制定出自己的课程标准，然后提出课程标准的资源建设目标，并积极进行课程资源建设。

（二）体育课程设计层次与课程资源建设目标

体育课程设计以什么为基础，这就是体育课程设计层次的资源建设问题。课程设计是教育领域中的一个专业性的问题，专业研究人员、教师是这个专业领域的主要成员。经过专业培训的教师和研究人员都拥有一定的体育课程设计资源，至少在他们头脑中会有一定的先进教育思想作支撑，他们还会利用各种资源，如图书馆、资料室、有关仪器等。但是，对课程设计所需要的资源进行有目的的建设还不够系统，如指导思想、课程观念。对于课程设计者应提出具体要求，因为有些资源情况的一些问题他们并不是很清楚，所以课程设计的资源往往不适应设计需要。

（三）体育课程实践与课程资源建设目标

课程实践，尤其是体育课程实践，不能单纯地按设计好的课程方案去实践。对体育课程改革的取向和研究认为，应该以创新取向为目标，即认为课程实践是体育教师创造性的理解课程和加工并运用各种体育课程资源的过程，也是课程开发的重要一环。研制的课程走出研究室和教育行政部门办公室之后，进入体育课程实践阶段，才能成为真正富有生命力的事物，也才称得上是体育课程。否则，它不能成为课程。体育课程实践是全部体育课程事业最为重要的一个环节。体育课程思想、目标、设计、评价都与课程实践有关。因此，课程实践事关教育领域中的所有人，尤其是学生和教师两大主体，同时还与课程资源有着密切关系，如教师和学生在教学活动中所面对的知识、思想、财务和经验等资源中。在课程实践的层次上，这些资源都是体现在一定单位的，如学校和教育培训机构。到底这些资源建设状况如何，要通过学校里的体育教师将各种资源转化为主动进行建设的资源，才能真正进入体育课程建设，成为体育课程活动的有机组成部分。因此，体育课程实践层次的资源建设目标，一是教师加工后用于数学的课程资源的能力，要达到一定的要求；二是学校要拥有相当数量，经过体育教师加工的体育课程资源，形成具有自己学校特色的体育课程资源库；三是学生要懂得运用体育课程资源。学校具有培养学生获取、加工各种信息资源的条件保障。

（四）体育课程评价与课程资源建设目标

体育课程评价是随体育课程不断发展而发展的一种教育专业技术，它已不是单纯的衡量体育课程建设结果，而是判断教师和学生的教与学的成绩的思维模式。它开始走向对课程领域的一切活动进行监测、检验、反馈和矫正。所以，它是体育课程活动的一个重要手段，也是体育课程管理专业化的途径之一。体育课程管理人员必须经过专业培训，掌握体育课程评价业务。进行体育课程评价层次的课程资源建设，就是要管理者有足够的可依靠的评价资源。同时，体育课程评价不仅属于管理层，而且也属于学生、教师等其他人士。一般而言，教师具有相当多的有关体育课程评价的专业知识，并且受过相应的专业训练。建设课程评价层次的资源，有利于教师及时获得资源，开展创造性地评价。

体育课程评价层次的课程资源建设目标，是参与课程评价的主体。在体育课程评价中需要运用的各种观念、技术和环境的来源，其中有：①各种评价思想，如社会对学校教育和教学进行评价的基本思想、社会衡量人才的基本尺度、社会使用人的基本标准等；②各种评价技术，如心理测试技术、调查访问技术等；③与学校资源有关的各种指标，如师资结构、体育场馆设施、体育器材等；④学校所处地域有关的资源指标，如学校所处地区的自然环境、经济状况、文化特点和其他特点等；⑤与学生背景有关的各种资源指标，如学生来源情况，包括知识水平、家庭经济状况、家庭所在地的环境等;⑥社会对人才的需要有关的各种资源指标,不同时期,社会用人的标准不同,不同的标准构成学校体育课程评价资源背景,如现代学历社会。

二、体育课程资源基础建设应注意的几个问题

由于体育课程资源的建设问题对于我们来说是一个全新的课题,所以需要深入的研究,但从当前体育课程资源建设的实际情况来看,需要注意一下三个方面的问题。

(一)体育课程教材不是唯一的体育课程资源

长期以来,我国的体育课程资源结构都比较单一,除了把教材作为唯一的课程资源外,在体育课程资源的开发主体、基地、内容、条件等方面也很单一,而且未能形成有机整体。

从体育课程资源的开发主体来看,主要依靠的是少数课程专家特别是体育课程专家。他们开发的体育课程的学术品质可能是很好的,但就体育课程反映出不同地区、不同学校和学生的差异性与多样性等方面就显示出不足之处。对于那些反映地区和学校学生差异性的课程需求,地方、学校和教师应该具有更大的发言权,至于体育课程具体的学习资源的开发和利用,就更是如此。因此,体育课程资源结构要适应地区差异,不同学校的特点以及学生的个别差异,为学生提供更多的选择性,那么就必须充分发挥地方、学校和教师乃至学生进行体育课程资源开发的主体作用。要给地方特别是学校以较大的机动时间和自主空间,使其在体育课程资源的开发、利用和更新等方面有更多的发言权和自主权。

从体育课程实施活动空间这个角度来看,学校的操场和教室成为最主要的条件性体育课程资源。在我国,还有很多学校特别是经济欠发达地区的学校还缺少相应的体育课程专用体育场馆、体育课程资源库等。体育课程的学习方式和内容主要集中在体育课程内容的课堂教学上,缺少课外的体育学习、课外体育实践等综合实践活动形式。

从体育课程素材或内容上看,偏重体育卫生、体育技能资源的开发,忽略了体育课程知识的新进展,以及体育课程知识同其他学科知识之间的相互渗透和融合,也远离了学生的生活经验。

从体育课程资源的载体形式上来看,体育课程资源的开发往往偏重于纸张印刷制品,甚至把体育课程的教科书作为唯一的体育课程资源加以固化,而对于开发多样化的体育课程资源载体形式则认识不够、重视不够。

此外,校内与校外体育课程资源的转换协调机制还没有能够很好地建立。学校在现有的体育课程资源的结构、使用的时间、使用的方式和使用效率上,还需要进行调整和不断地加以完善。此外,还要拓展利用各种校外课程资源的途径,包括业余体校、体育俱乐部、各个工厂的各种体育场地器材设施等,还有广阔的自然体育课程资源,

同时还要积极开发信息化的体育课程资源，有效发挥各种公共网络的资源价值。

就体育课程教材本身而言，结构单一和落后于时代要求的缺点也很突出。不可否认的是，体育课程教材是体育课程教学内容的重要载体，但是体育课程教材的开发和利用不能仅仅局限于学科知识，还应引导学生利用已有的知识与经验，主动地探索知识的发生与发展，同时也应有利于教师创造性地开展教学活动，有利于培养学生的创新精神和实践能力、收集和处理信息的能力、获取新知识的能力、分析和解决问题的能力以及交流与合作的能力，发展对自然和社会的责任感。所以，体育课程教材的编写应符合体育课程标准的要求，遵循学生的心理发展的特点，精选对于学生终身体育必备的基础知识和基本技能，从学生的兴趣与经验出发，尝试以多样、有趣、富有探索性的素材展示体育课程内容。事实上，现有的信息技术的飞速发展和网络技术的广泛应用，给学校的体育教育带来了新的发展机遇，极大地弥补了体育课程教材的知识容量有限的缺陷。例如，体育课程的载体（特别是教材）将越来越不是学生学习的唯一渠道，或者说体育课程与体育教材的内容与外延将发生越来越大的变化。社会在高速发展，新知识、新技术、新技能层出不穷，显然，如果把体育课程教材当作圣经一样来解读，那是一种陈旧的、过时的学习方式。今天的体育课程教材已经不仅仅是学生课堂上使用的书本，而是如何开发和利用体育课程的教学资源，是体育课程教材编制面临的新的重大课题。在体育课程资源的选取上，古老的问题"什么知识最有价值"被赋予了新的答案。那些有利于学生学会学习、学会思考、学会合作、学会创新和发展的体育课程资源在新的教育价值观的引导下，将会逐步占据主导地位。体育课程资源结构的重点在发生变化，学校成为体育课程资源开发的重要力量，网络资源异军突起，这些都为体育课程资源结构的优化提供了动力。

（二）体育教师是最重要的体育课程资源

体育课程资源，无论是素材性体育课程资源还是条件性体育课程资源，对于体育课程目标的实现范围和水平都是非常重要的。但是，在体育课程资源普遍紧张的情况下，我们要分析究竟哪些体育课程资源是最为基本的？哪些体育课程资源在整个体育课程资源中居于主导地位并对于整个体育课程资源结构功能的发挥具有决定意义呢？

对于条件性体育课程资源来说，必须首先保证的是实施体育课程最基本的时间和空间，比如课时保证和基本的安全而必需的场地器材、物资和设备，这是体育课程实施的前提条件。没有这样的条件保证，就谈不上体育课程的实施问题。在具备了这些基本前提条件之后，条件性体育课程资源的建设则要量力而行。素材性体育课程资源的开发和利用与条件性体育课程资源相比，素材性体育课程资源的开发和利用具有更大的灵活性和创造空间。其中，兼具条件性与素材性体育课程资源两种性质的人的要素，在整个体育课程资源特别是素材性体育课程资源的开发和利用中起着主导和决定性作用。换句话说，体育教师不仅决定了体育课程资源的鉴别、开发、积累和利用，是素材性体育课程资源的重要载体，而且体育教师自身就是体育课程实施的首要的基本条件资源。所以，从这个意义上来讲，体育教师是最为重要的体育课程资源，体育教师的素质状况决定了体育课程资源的识别范围、开发与利用的程度以及发挥效益的水平。事实上，随着体育课程改革的深化，体育教师是体育课程改革的关键因素，越来越引起人们的关注。许多体育教师甚至在自身以外的体育课程资源极其紧张的情况下，能"化腐朽为神奇"，实现了利用体育课程资源价值的"超水平"发挥。

因此，在体育课程资源建设的过程中，要始终把体育教师队伍的建设放在首位，通过这一最为重要的体育课程资源的突破来带动其他体育课程资源的优化发展。毫无疑问，学生的体育发展必须依靠训练有素的专业教师，教师必须做好准备以便能给在能力、需要、经验和学习方法各有不同的学生提供优质的体育教学。所以，应该为教师提供专业发展的机会，提高教师进行有效的教学所需的能力。用于这种发展的资金和专业时间，是教育预算的一个重要部分。当然，重视体育教师资源并不意味着轻视其他体育课程工作人员的作用，他们也发挥着体育课程资源的作用。

（三）体育课程资源的建设必须纳入课程改革计划

体育课程改革政策的推行必须有体育课程资源的支持。"如果制定政策时没有考虑实施政策所需的资源，而且如果没有必要的资源，学校、教师和学生就会处于要求得不到满足的局面"。因此，体育课程资源的建设必须纳入课程改革计划，必须在政策上保证各种体育课程资源及其责任主体能够得到落实。国家和各级政府在教育政策上必须保证为体育课程分配足够的基本资源，使其达到实施体育课程标准的起码要求，包括提供足够的专业教师、时间、适当而安全的场地器材。最重要的体育课程资源是专业教师，这是本节的一个基本观点。同时，时间也是重要的体育课程资源，体育课程计划必须有充足的时间保证，以适应学生学习、活动和所学内容的需要。全国教育科学"十五"规划教育部重点研究课题《中国西部地区农村学校体育管理体制、课程结构和资源开发的实验研究》的开题报告中，明确了第一研究步骤就是时间的保证的问题，即 2002 年 9 月至 2003 年 8 月为第一阶段，各实验学校结合自身特点探索落实学生每天一小时体育活动的方式，全面提高学生体能。此外，教师的教学准备和常规进修时间也必须纳入日常教学安排。

体育课程资源的建设还必须充分考虑到体育课程资源的消耗、补充、维护和更新所需的投入，要有课程成本的观念。学校提供适当的基础设施，可以使教师有更多的时间去做更适当的工作，并确保在需要时可以获得必要的教学材料。时间、空间和学习材料是有效的科学学习环境中的几个极其重要的组成部分。创造良好的教学环境，也是每个教师应有的责任。教师在体育课程资源的安排与利用上要起主导作用，但是学校的行政管理人员、学生、家长，以及社区成员也都必须担负起他们应该担负的那份责任，确保体育课程资源能够被充分利用。

为学生提供多种机会让他们参加一些感兴趣的体育研究，这些活动应该是学生学习的一个有机组成部分。要创造一种灵活的，有助于探索研究的学生学习环境，确保学习环境的灵活性、自主性、探索性和安全性。教师必须能掌握体育课程资源，也必须被赋予权力，使自己不但能够挑选出最适合的材料，也能决定什么时候、什么场所以及用什么样的方式让学生们去利用这些体育课程资源。教师在作选择的同时，既要考虑学生的安全、课程资源的适当用途可获得性，也要让学生们能够保持积极参与探究性学习的兴趣和能力，让学生们有通过多种渠道获取、评估和使用信息的机会。

综上所述，体育课程资源的开发和利用必须纳入课程改革计划，得到体育课程政策上的保证和支持。否则，体育课程资源的建设将举步维艰。

三、体育课程资源基础建设的意义

体育课程资源建设是依照教育目的、育人目标及体育课程标准，对可能有关体育课程发展的各种体育课程资源进行整理，突出它在体育课程中的独特功能，形成系统的资源库，供教师和学生在课程实践中使用，规范教学行为，提高教学质量。资源建设的意义就在于它与教育目的、育人目标有关，与相关人有内在联系，更重要的是它关系到体育课程建设的质量。

（一）保证育人目标与体育课程建设可利用资源的一致性

育人目标是国家在一定社会条件下提出来的，它不是永恒的，是随着社会的发展而变化的。这里面的社会条件和社会发展本身就是课程资源，不难理解课程目标的确定也要依赖于课程资源，它们本身就有内在联系。

有一些体育课程资源是由其他社会功能才产生的，如政治功能和经济功能等，它不是直接作为教育内容为课程建设而出现，所以这些作为课程内容是隐性的。如电视节目，人们只想到它有娱乐功能、电视广告的经济功能，对于隐含在节目中的教育功能就会被忽视一样。又如一个运动会，一场球赛，人们只会欣赏运动员的竞技能力和技术，只关心胜负。但是，这里有很强的教育功能隐含其中，只有从事教育工作的教师、专家才会去研究它的教育功能，把它纳入课程资源建设中。

（二）提高体育课资源的质量

体育课程资源建设是一个资源提炼过程。为了突出资源的教育性，排除其他干扰因素是必然的，这样才能保证资源的质量，本质上就是提高课程资源的教育地位。在课程资源建设中要特别关注创新因素，没有创新就没有发展，创新因素越丰富，对现代教育来说，课程资源的质量就越高。

（三）建立规范的体育课程资源市场

教育发展的历史证明，现代教育之前，对教育的规范要求不是高。所以，当时的教育带有很大的随意性，没有一个基本标准。但是，经济全球化的现代教育就不同了，先进科学技术的发展，促使教育向国际化发展，综合国力世界范围的竞争逐渐转移到教育的竞争，以科技人才培养的质量作为教育的衡量标准，我们新的课程体系已经具有广泛意义，构成了与其他国家有可比性的基础。教育受世界经济发展的制约，所以，不论是谁都不能对教育发展的基本问题采取随意的、不负责任的行为。只有采取积极的态度，集中精力研究，科学化地开发，不断积累各种课程资源建设的素材，加工整理，用于课程建设，建立和完善、规范课程资源市场。才能为教育的不断发展提供坚实的物质基础。

体育课程资源建设在这里带有共性的东西多，所以与其他类课程基本相同。

四、体育课程资源系统的结构要素

（一）体育课程人力资源子系统

体育课程人力资源是指体育课程活动组织所拥有的劳动的总量。体育课程人力资源子系统主要包括以下几方面。

1. 体育课程人力

资源需求系统。大部分情况下，教育是由政府部门或社会团体主办的，它们是人力资源活动的需求主体。具体单位有：公共教育事业单位、教育企业（私立或民办学校、培训机构）、体育课程研究或开发机构、体育课程用材加工和流通企业等等。体育课程人力资源需求也必须遵循"劳动的边际生产力，决定人力资源的需求"的规律。

2. 体育课程人力资源供给系统

体育课程人力资源供给系统包括：人力资源培训机构、受训人员等具有参与体育课程活动的能力的劳动者。体育课程活动的劳动供给必然受市场规律的制约。按市场规律，劳动者只有在一定的报酬条件下，才能提供一定量的工作时间。因此，不顾参与者工作时间的限制和工资收入的状况而提出的体育课程开发方案往往不能长久坚持下去。

3. 体育课程人力资源配置系统

它在本质上是市场配置系统。主要构成要素包括劳动力、用人单位、交换品、劳动交换场所、价格、劳动力供求关系等六种要素。人力资源配置机制主要表现在：价格机制、竞争机制和供求平衡调节器。市场是体育课程人力资源配置的主要调节器。因为"在财政结构、实行控制的社会根源及整个系统不协调的规模已经规定的条件下，任何个人都一事无成。"所以，我们应该多考虑如何培育市场，而不是把主要精力放在思考如何干预市场上。

4. 体育课程人力资源开发系统

体育课程活动依赖、受制于整体的人力资源开发状况。它包括：竞争与保障系统；价格机制与利益激励系统；宏观调控与人力资源环境系统；体育课程人力资源生产系统。

5. 体育课程人力资源管理系统

人力资源管理是以人为对象，通过调动人的积极性、主动性，开发人的劳动潜能的管理活动。它包括：人的自然实体系统；人的社会属性系统；人的心理动机系统——需要、动机、理想、信念等；人力资源管理过程系统——计划、录用、调配、升迁、考核、培训等。

（二）体育课程物力资源子系统

现代课程活动不仅有具体形态的物质内容，而且还离不开经济基础——量化了的物力的支持。因此，体育课程物力资源子系统由物质资源系统和财力资源系统组成。

1. 物质资源系统

按性质，体育课程物质资源又可分为自然物质资源与人造物质资源两个系统。

（1）自然物质资源。自然物质资源系统是指人们可以感知的自然现象。主要包括颜色、阳光、水、土壤、声音、空气、味道、生物等。

（2）人造物质资源。体育课程人造物质资源系统指人类创造的各类物质系统。主要包括场地、体育器材等。

2. 财力资源系统

体育课程财力资源系统可按来源分为以下三部分：

（1）国家体育课程财力资源。国家体育课程财力资源是指一个国家和各级政府可能用于体育课程活动的最大财力的指标。它由这个国家的国民经济发展规模和水平所决定的，是主要的体育课程财力资源。

（2）社会体育课程财力资源。社会体育课程财力资源是指各种社会组织（企业、社会团体）提供的体育课程活动的财力支持。

（3）教育机构体育课程财力资源。教育机构体育课程财力资源是指学校和其他教育机构用于体育课程开发、实施和评价的财力。学校体育课程财力资源的获得一方面是国家和政府的拨款，另一方面是学费收入、社会捐助、校产收入等。

（三）体育课程思想资源子系统

体育课程思想资源子系统是指一切有可能参与体育课程活动之中，影响体育课程活动的各类人员所具有的全部思想观念。

1. 体育课程控制与管理者

包括国家和政府的管理人员、教育行政管理人员、学校管理人员。他们的思想有可能成为法令、政策、行政措施的来源，进入体育课程活动。

2. 体育课程研究者

包括体育课程专业研究人员、学科专家、专家型教师的思想意志，有机会成为体育课程活动的直接思想源泉。

3. 体育课程实施者

包括体育课程活动中最活跃的两个方面：教师和学生。教师在体育课程活动中扮演着非常重要的角色。如果教师参与了体育课程设计，那么教师比较容易准确地执行体育课程设计者的原意。如果教师并未参与体育课程设计，并且培训不到位，教师对体育课程设计的理解就难以达到完全彻底，体育课程设计思想在实施中就可能被忽略、曲解。学生的思想状况也是体育课程重要资源，因为"学生应该亲自参与体育课程规划和体育课程评价"。

4. 体育课程活动外部的各种各样的人

即家长、社区人员、社会其他人员的思想，也常以主动的姿态试图参与体育课程活动。

（四）体育课程知识资源子系统

知识是一个庞大的系统。它既包括常识，又包括理论知识；既包括自然知识，又包括社会知识。体育作为人类的文化现象，是具有实践能动性的人类改造客观世界及人自身自然体的产物。人的体育意识是在人类改造世界的漫长历史中，随着人的本质的对象化和自然的人化而产生和发展起来的。因此，体育既是一种按照人的目的、意志、理论去占有、改造世界的创造性活动，同时又是一种合乎规律性的活动。所以，可以把体育课程知识资源分为两大类：理论部分和实践部分。

1. 理论部分

理论部分内容主要包括运动项目的技战术理论和其他运动知识，运动健身的原理与锻炼方法，运动损伤的预防与处理措施，体育养生及保健知识，心理卫生与心理咨询体育锻炼的自我监督与评价方法，运动处方，健康的基本概念及野外生存知识等。理论部分为我们进一步了解体育与人类发展的关系及体育的基本原理和对身心发展的作用提供了依据。

2. 实践部分

而实践部分则是以运动项目为主，主要包括田径、篮球、排球、软式排球、足球、网球、乒乓球、羽毛球、武术套路、武术散手、健美操、健美、艺术体操、形体、定向运动、保健体育、攀岩、女子防身术、跆拳道、野外生存等内容。实践部分为锻炼者提供了各种健身内容与锻炼方法，使参与体育锻炼的人在学习、掌握运动技能中引发运动兴趣并逐步养成锻炼身体的习惯；使体育成为提高生活质量的一项重要内容，并为终身体育奠定良好基础。

第三节 体育课程资源的开发

一、体育课程资源的开发原则

原则规范人们的行为，是正确行动的根据、尺度和准则。体育课程资源的开发，需要一定的原则来规范。根据体育课程的特点，本人认为体育课程资源的开发应该遵循以下几条原则。

（一）科学性原则

体育课程资源开发的科学性首先应该体现在有一定的目标性，要为实现一定的目标服务。要有利于达到体育课程目标，有利于丰富体育课程内容，有利于提高体育课程的质量。不同的目标指向，应该开发相对应的体育课程资源。但是，由于体育课程资源本身具有多功能的特点，这使得同一体育课程资源可以服务于不同的目标。这就要求在明确目标的前提下，认真分析与此目标相适应的体育课程资源，认识与掌握它们各自的性质和特点，寻求最有助于实现该目标的体育课程资源开发途径。

体育课程资源开发的科学性还应体现在它的可行性和可操作性上。在开发过程中要考虑学校的特点、实际条件、学校实际状况、学生身体素质情况、教师专业能力、办学规模、校园环境空间和自然环境等条件，从实际情况出发，实事求是地发挥地域优势、民族特色、学校特点和教师特点，强化学校的体育特色，展示体育教师的能力和风格，发展学生个性，扬长避短，因地制宜、因人制宜、因时制宜地开发与利用学校体育课程资源。另外，需要强调的是，在课程实施中应注意开发最适合体育学科特点的课程资源，不盲目仿效其他学科教师的做法，"依样画葫芦"，失去体育学科的特点，混同于其他学科，没有体育的特色。

（二）开放性原则

体育课程资源开发的开放性包括类型的开放性、空间的开放性和途径的开放性。类型的开放性，是指不论以什么类型、形式存在的课程资源，只要有利于提高教育教学质量和效果，都应是开发与利用的对象。空间的开放性，是指不论是校内的还是校外的，城市的还是农村的，中国的还是外国的，只要有利于提高教育教学质量，都应加以开发与利用。途径的开放性，是指课程资源的开发与利用不应局限于某一种途径或方式，应探索多种途径或方式，并且能够尽可能地协调配合使用。

因此，我们要以一种开放的心态去面对身边形形色色、多种多样的体育课程资源，无论是在山川平原、江河湖海、校园内外、城市乡村，无论它们是物质的还是非物质的，只要有益于体育课程活动，一切可能的课程资源都要去开发与利用。

（三）经济性原则

体育课程资源开发的经济性包括开支的经济性、时间的经济性、空间的经济性和学习的经济性。应尽可能开发与利用那些不需要多少经费开支的课程资源，应尽可能开发与利用那些对当前教育教学有现实意义的课程资源。这就要求我们在体育课程资源的开发过程中利用科学的方法，对开发的内容进行论证和设计，规划合理的行动方案，采取有效行动，以达到少投入多开发的目的。

体育课程资源的开发是一项涉及范围广、影响大、问题多而复杂的工程。在开发过程中，必然要涉及一定的人力、物力、财力和时间的投入。我国教育科研人员短缺、教育经费不足。因此，体育课程资源的开发要有成本意识，要用有限的学校体育经费，最大可能地支持学校体育课程资源的开发与利用；尽可能开发与利用那些对当前学校体育教学和体育课程建设与发展有现实意义的资源，不能一味地等待；充分开发体育器材设施的功能，就地取材，不舍近求远和好高骛远，避免现有体育器材设施的闲置和浪费；尽可能利用与开发能够激发学生体育学习兴趣、有助于体育知识、技能学习和掌握的课程资源，以促进学生的主动参与，做到尽可能花费较少的开支和精力，达到理想的效果。

（四）安全性原则

众所周知，体育课程的实施是在相对比较开放的环境中进行，各种显性以及潜在的因素错综复杂，一旦掉以轻心，意外事件就可能发生。对于像攀岩、游泳、滑冰、武术等隐含不安全因素的项目必须切实加强安全教育，强化课程资源开发主体的安全意识，做好组织工作，为学生的安全负责。

（五）健身性原则

体育课程资源非常丰富，学生需要学习的东西很多，远非体育课程所能涵盖，因而必须在可能的课程资源范围内和在充分考虑课程成本的前提下突出重点，并使之优先得到运用。比如，"健康第一"是学校教育的指导思想。体育课程的主要目标就是培养学生具有健康的体魄，也可以说，是以身体练习为主要手段，通过合理的体育教育和科学的体育锻炼过程，达到增强体质、增进健康和提高体育素养的目的，为将来参与工作和生活打下身体基础。因此，开发的体育资源必须具有健康价值，或者说具有健身性，应与体育课程的目标一致，这是第一位的。应把最具有健康价值或健身性的体育课程资源筛选出优先运用于课程，同时重视课程内容的体育文化含量。

（六）注重地方性和民族性原则

体育课程资源开发利用要注重地方性和民族性特色。我国地域辽阔，民族众多。

不同的地区，不同民族的文化背景不同，体育课程资源也存在很大的差异，再加上不同的学校性质、教育目标、教育对象、师资、条件等客观的差异性，使得体育课程资源开发和利用的差异也客观存在。因此，课程资源的开发与利用不应千篇一律，而应从实际出发，发挥地域优势，强化学校特色，区分学科特色，展示教师风格，突出个人特色。我国的民族体育文化源远流长，丰富多彩，应当大力开发和利用。如蒙古族的摔跤、藏族的歌舞、维吾尔族的舞蹈、朝鲜族的荡秋千、白族的跳山羊等。在利用民族、民间体育项目时，有的需要加以改造，使之更加符合学生的身心特点。体育学科的特殊性与体育课程资源的丰富多样性，给我们留有很大的开发和利用的空间。只有广大体育教师都真正参与到学校体育课程资源的开发和利用之中，我国的体育课程建设和发展，学校体育教学水平才能更加有效地提高和发展。

二、体育课程资源的开发途径

（一）筛选

筛选是通过比较和分析确定一定数量的样本。然后运用相关分析、回归分析、主成分分析等方法优选样本。筛选可以通过建立筛选模型来进行[1]，也可以采用逐步筛选法。体育课程资源是一个非常庞大的系统，在这个系统中，体育课程能利用的体育课程资源是有限的。并不是所有的体育课程资源都可以进入体育课程。只有那些体现现代教育思想、符合教育目标、符合学生需要的内容、方式、方法及环境因素才能成为体育课程的构成要素或实施条件。这就要求我们在浩如烟海的课程资源中选择最有效、有价值的一部分。这一甄别选择的过程就是体育课程资源的筛选。

例如，各种不同的体育课程价值观是制定体育课程目标的重要资源，不同的时期、不同的对象、不同的视角，对体育课程价值的理解是不同的。在我国体育教育史上就存在国民兵器价值观、军国主义价值观、国粹体育价值观、体质教育价值观、技能教育价值观、竞技体育价值观、终身体育价值观、体育教育价值观、快乐体育价值观、保健体育价值观等。不同的体育课程的价值取向，将会产生自己相应的目标体系。这一体育课程价值取向的确立过程，就是体育课程目标资源的筛选过程。

又如，在现代生活中，广播、电视、书刊、媒体等大众媒体和计算机网络是体育课程各种重要信息的来源，尤其是网络，它们所提供的信息对学生的体育态度、兴趣、情感等有很大的影响。而这些信息本身是良莠不齐的，有的是积极的、正面的；也有的却是消极的、负面的，学生缺乏对各种信息的鉴别能力。这就需要有正确地处理和运用各种信息，排除不良信息的干扰。由此可见，体育课程资源的筛选要反映教育的理念和目标。反映社会进步的需要和发展方向，满足社会和学生发展的需要，符合学生身心发展的特点，满足学生兴趣、爱好和发展的需要，与教师的修养和知识水平相适应，符合本地、本学校的实际情况。

1. 筛选的特点

确定选择标准是运用筛选的关键。不同的开发主体，由于各自的经验背景、开发的层次、开发的目的及看问题的角度等方面的差异，其筛选课程内容资源的标准在具体操作上可能会有所侧重：体育学科专家在运用筛选方法时可能会更多地考虑到一些宏观方面的标准，如国家的教育政策、学校体育的指导思想、体育课程标准的要求；体育教师在运用筛选方法时除了要考虑体育课程标准的要求外，会更多地考虑一些微观方面的标准，如学校的体育场地、器材方面的条件、学生的实际需求等；而学生在筛选课程内容资源时则会更多地考虑到对体育教师的要求和自己的兴趣、爱好和特长。

筛选在一定程度上解决了体育课程实践中的一些问题。"教不完"、"教不会"是体育课程实施过程中常见的问题，筛选通常是解决该问题的主要手段。筛选通常表现为两个层次：一是面对大量的体育课程内容资源，在体育教材中不可能全部表现出来，因此体育学科专家在编写体育教材时必须要对各种体育课程内容资源进行筛选；二是体育教材中所呈现的内容，由于场地器材、教学时间等方面的原因。在任何一所学校都不可能全部教给学生，而且在实践中，体育教师还需要面临这样的难题，即选择多少体育课程内容才是合适的，因为体育课程教学的总时数是有限的，选择的内容数量越多，每个内容平均的学时数就会相应减少。反之亦然，所以上什么、不上什么，对体育教师而言同样也涉及如何筛选的问题。

筛选结果一般表现为数量上的变化，而非质量上的变化。只是数量上的变化而非质量上的变化就是说，筛选是为了从大量的体育课程资源中选出少量的体育课程内容。而每个所筛选出的体育课程内容在具体性质上基本上没有发生改变。例如，我们选择乒乓球为高校学生体育课程内容，在具体的乒乓球的技术、战术、比赛规则、场地器材等方面基本上与社会上所开展的乒乓球是一样的，没有什么差别。

筛选的优缺点。优点是运用起来简单、便捷；缺点是灵活性和适应性较差。表现在体育学科专家和体育教师所选择的体育课程内容有时可能会与学生的身心发展特点不相一致，可能造成他们学习上的困难。

就使用对象说来，体育学科专家、体育教师和学生在体育课程内容资源开发中都可以通过这个途径，但相对来说，体育学科专家在编写体育教材、体育教师在确定体育课程内容时运用比较普遍，而学生则使用得较少，筛选主要用于体育课程的知识资源和身体练习资源的开发。

2. 筛选的步骤

开列内容清单。尽可能地将所要开发的体育课程内容资源列出来，以供选择。例如，野外运动项目的开发，首先要弄清楚野外运动项目总共有哪些，并将其一一列出来。

确定选择标准。选择标准因开发主体不同、开发目的的不同而在具体内容上会有所差异。但一般要考虑的因素有：国家的教育和体育政策、学校体育指导思想和目标、体育课程标准、学校的体育环境、师资、体育教材、学生的特点、具体的课堂教学目标等。

按照选择标准筛选出合适的体育课程内容。值得注意的是，为了避免筛选法的不足之处，在实际的体育课程内容资源开发过程中，还要尽可能地将筛选途径和其他途径结合起来。

（二）改造

是指根据对体育课程具体实施对象和条件要求，对原有体育课程资源或某个构成要素进行加工、变化、修改的过程。改造是体育课程资源转化为体育课程要素或条件的基本方法。竞技运动教材化的改造，就是对体育课程资源进行改造的典型例子。

竞技运动是一种具有竞争性、挑战性、规则性和娱乐性的身体活动，它具有很强的教育功能。它以教材、手段作为载体，服务于体育课程，是构成学校体育课程内容的来源，是重要的体育课程资源。但是，这并不意味着竞技运动可以原封不动地、盲目地不加选择和修改地把那些运动技术过于复杂、难度过大、规则过严的竞技运动项目照搬到学校体育教材中来，直接运用于体育课程之中，而是应根据不同年龄阶段学生的生理、心理特点、教学目标、体育设施情况以及学生运动能力等综合因素，对竞技运动项目进行必要的加工和改造，如简化规则，降低难度，简化技战术，调整场地器材等，使其能面向广大的普通学生，能受到学生的喜爱，能在有限的教学时数中让学生基本掌握一些运动的知识和技术，以达到健身育心的效果，成为发展身体、增强体能、增进健康必不可少的体育手段。

又如，对现有体育场地、设备进行改造，也是开发体育课程资源的有效方法。学校应该对现有的体育场地进行合理的调整和规划，采取有效的措施，对体育场地进行改造，最大限度地挖掘体育场地的空间，提高体育场地的使用效率。如在现有的标准篮球场边安装多个不同高度的篮球架，供不同年龄和身材条件的学生使用。利用篮球场地或排球场地进行小型足球活动等。

1.改造的特点

"变化"和创新是改造的核心。经过改造后的体育课程内容，虽然保留了原来的一些元素和特征，但是在性质上已经发生了变化，已经"面貌一新"。因此，改造的过程实际上是一个对原有体育课程内容资源的创新和重构的过程。

改造的具体方式是多种多样的。在运用改造法进行体育课程资源开发时，具体的方式有很多，但每一种方式运用的条件和效果都是有所不同的。

改造的具体内容具有多元性。改造既可以是功能性的，也可以是结构性的；既可以针对原有体育课程内容资源个别要素，也可以针对多个要素；既可以是整体、系统的改造，也可以是局部、部分的变化；既可以是民族、民间文化如民间歌舞或民族传统运动项目的推陈出新，也可以是国外新兴运动项目的本土化改造和引进；既可以是对单一动作结构和组合动作结构的身体练习的变形，也可以是对活动性游戏或运动项目的改造等。

改造是建立在个体经验的基础上的，因此改造具有一定难度。改造对使用者的能力要求比较高，如果使用者不具备一定的改造体育课程资源的知识、方法、能力以及技巧，是很难对各种体育课程内容资源进行有效改造的。

改造的主要使用对象是体育学科专家、体育教师以及具有一定改造体育课程资源能力的学生。从各个体育课程资源开发主体的不同特点来看，改造对象最多的是体育教师。因为为了提高体育课程内容的适应性和可操作性，他们时刻要根据学校条件，自身特点，学生的兴趣、爱好及身心发展特点等，对各种体育课程资源进行改造，以适应具体的体育课堂情境。改造方法主要用于身体练习资源的开发，尤其是活动性游戏资源和运动项目资源的开发，改造方法也可用于学生经验资源以及体育课程内容其他资源的开发，如对民族、民间歌舞的改造等。

2.改造的步骤

改造既可以是功能性的，也可以是结构性的；既可以针对原有体育课程资源个别要素，也可以针对多个要素，甚至可以是整体地、系统地改造。改造的步骤一般为以下几步。

对现有体育课程资源和构成要素进行分析。体育课程资源，都是由一定的基本要素所构成的，例如竞技体育、民族传统体育、新兴体育运动等都是构成体育课程内容的来源，是体育课程内容资源的构成要素。场地、器材、设备、时间、空间和环境是体育课程条件性资源的构成要素，是体育课程得以实施的基本保障，我们首先必须对这些所要开发的课程资源的构成要素进行分析，了解它们的特性和可开发性。

根据学校的条件和学生的特点确定改造的具体内容和方法。如对学生的年龄、性别、兴趣、爱好、生理发育特点、心理发育特点、生活经验基础、学校的场地、器材设备条件等进行分析，确定改造方案。

按照一定的目标和原则对体育课程资源进行改造。对体育课程资源的改造不是随意的，应该有明确的目的，按照一定的原则进行。一般来说，应遵循主体性、主动性、实效性、可接受性、全面性、选择性、教育性、趣味性以及安全性等原则。毛振明提出，在竞技运动项目教材化的过程中，应考虑以下几个方面：①向动作教育方向教材化；②向游戏方向教材化；③向理性方向教材化；④向文化方向教材化；⑤向生活、实用方向教材化；⑥向简化方向教材化；⑦向变形方向教材化；⑧向运动处方方向教材化等。

（三）整合

所谓整合是指将不同的体育课程资源，按照一定的组合方式，形成新的体育课程资源的方法。我们所拥有的体育课程资源是以不同的形态、不同的方式存在着的，它们在体育课程活动中起着不同的作用。面对这一庞大的体育课程资源，不可能全部纳入体育课程之中。因此必须要有一个筛选、合并、重组、优化、精简的过程，这一过程就是体育课程资源的整合。

通过对体育课程资源的整合，可以对不同形态、不同内容、不同作用的体育课程资源进行优化，使体育课程资源由静变动，由窄变宽，最大限度地发挥体育课程资源的作用。

1. 整合的特点

整合的范围非常广泛。从理论上来说，整合的范围是没有边界的，涉及所有体育课程资源。既有与体育课程联系非常紧密的知识、身体练习资源，也有与体育课程联系不太紧密的知识、技能或其他资源，如数学、语文、艺术等课程中的某些知识和技能等。

整合的层次和方式多种多样。整合既可以是空间上的整合，也可以是功能上的整合，还可以是结构和要素上的整合。既可以是空间上的整合，也可以是功能上的整合，还可以是结构和要素上的整合。整合既可以发生在同一类型的体育课程资源之间，如知识资源与知识资源的整合，也可以发生在不同类型的体育课程资源之间，如知识资源与思想资源的整合；整合既可以发生在体育课程内部，也可以发生在体育课程与其他课程之间；此外，整合还可以是跨领域、跨学科的。如体育与历史相结合可以研究体育项目的起源，体育与生物学科相结合可以探讨运动的生物功能，体育与物理学科相结合可以探讨运动人体力学和肌肉的关系等。这些主题式的研究性学习，同样可以激发学生的学习兴趣，改变学生的学习方式，培养学生的创新思维和创新能力。整合的方式也是多样的，既可以是单一性的整合，也可以是综合性地整合。

整合的关键环节是提炼。整合的效果主要取决于对不同体育课程资源要素的提炼，也就是要尽可能地把各个要素的最"精彩"之处结合在一起。

就开发主体而言，使用整合方法的主要是体育学科专家和体育教师，学生在体育教师的指导下。也可以采用这种方法进行体育课程内容资源的开发。整合方法可以用于各种体育课程内容资源的开发。

2. 整合的步骤

在整合体育课程资源时，我们要遵循实事求是的原则、适应性原则和发展性原则。整合的步骤一般为：确定整合的主要目的。采用整合的方法对体育课程资源进行开发，首先要明确目的：是为了更加有效地发挥体育课程资源的功能，还是为了提高体育课程资源的利用率；是为了整合体育课程而对体育课程资源进行整合，还是对部分未能进入体育课程的部分体育课程资源进行二次开发。不同的整合目的，需要不同的整合方式。因此，我们首先要确定整合的目的。确定整合的方式。分析所要整合的体育课程资源的要素和特点，制定整合方案。分析所要整合的体育课程内容资源的要素特点，确定整合的方式。体育课程内容资源的各要素之间有多种整合方式，以篮球和排球的整合为例，其中就可能有十几种整合的方式，如果三个以上的运动项目进行整合，其方式将会更多。因此，有必要对整合的要素进行精心选择和设计。另外，在对知识资源与身体练习资源进行整合时，还要注意分析所要整合的知识点，以及这些知识点如何与身体练习的要素进行结合等问题。

按照一定的原则进行整合。在整合之前，可能还要运用改造方法对一些要素进行必要改造，以便使整合后的体育课程内容具有更强的适应性和可操作性。

检验与修改。将整合后内容通过教学等途径实施，以检查其可行性和发现所存在的问题，然后再做一定的修改和调整。

（四）拓展

拓展是指对原有的体育课程内容资源在形式、具体内容及功能等方面进行扩展、补充，使体育课程内容在具体内容和形式上更加完整，在功能上更加全面的方法。例如足球，除了体育教材上的内容外，还可以根据学生的特点，进行一定的扩充，如增加有关足球运动发展历史的介绍、足球动作的图片、足球赛的录像（或电影），以及报纸、期刊关于足球明星的报道等。

1.拓展的特点

拓展是围绕着一个具体的体育课程内容资源来进行的。由于拓展的主要目的是为了使原有的体育课程内容更加丰富、完整，因此拓展主要是围绕着某一个具体的体育知识或身体练习等来进行的。例如投掷内容可以从单一的右上手投，延伸到左上手投，拓展到单手下投、飘投、抛投以及双手向前、向后、向上抛投等。

拓展的方式多样。拓展分为内容上的拓展、形式上的拓展和功能上的拓展三种。内容上的拓展主要是围绕着某个知识资源或身体练习资源补充一些相关的材料，例如"吸烟与健康"的课题，就可以补充诸如"吸烟与寿命"、"吸烟与疾病"、"吸烟与智力"、"吸烟与环境"等方面的材料。形式上的拓展是扩展课程内容呈现的形式，如对文字形式呈现的体育课程内容，可以补充电影、图画、照片、图表、光盘、模型等其他形式的内容。功能上的拓展主要是尽可能地挖掘体育课程内容多方面的功能。例如攀爬练习，其主要功能是发展基本活动能力，为了实现不同的课程目标，可以将其功能向改善心理品质、提高社会适应能力等方面扩展等。

活动是拓展的重要途径。特别是以学生为主体进行体育课程内容资源的拓展时，体育教师可以通过组织各种活动来进行，例如对奥运知识的拓展，就可以通过组织奥运知识竞赛、象征性奥运火炬接力、奥运演讲比赛、奥运物品收藏展示等多种活动来进行。

拓展方法总是与筛选和改造方法结合在一起运用。由于拓展后的内容非常丰富，有些可能并不适合学生或学校的特点，因此必须对这些内容进行相应的筛选和改造。

体育学科专家、体育教师、学生皆可以使用拓展方法进行课程内容资源开发。这个方法通常在学校层面运用更为普遍，因此使用对象主要是体育教师和学生。拓展方法主要用于知识资源和身体练习资源的开发，也可以用于学生经验资源的开发。

2. 拓展的步骤

分析体育课程资源的性质和特点。也就是分析各体育课程内容资源的内容结构、呈现方式、主要功能等方面的特点，以便为如何对该内容进行拓展提供依据。

分析拓展的具体内容，寻找拓展的空间。即考虑从哪些方面进行拓展，是进行内容结构拓展，还是呈现方式或主要功能的拓展等。

尝试对体育课程内容资源进行拓展。拓展时要充分利用学校、社区和家庭的各种条件，如图书馆、资料室、网络、书店等，并注意对拓展的内容进行必要的筛选、改造，使其具有可行性和可操作性。

整理、实施与总结。对拓展后的内容通过课堂教学实施，并对实施的情况进行总结，还要分门别类进行整理，有些内容可以作为资料长期保存，有条件的还可以建立相关的资料库。

（五）共享

共享是指体育课程资源在一定的条件下，被两个或两个以上的单位或个人使用的一种形式。共享是提高体育课程资源有效利用率的方法。在现实生活中，有些资源不需要人为地创造，本身就具有共享的特性，如阳光、空气等，而有些体育课程资源则需要通过一定的条件，才可以实现为他人共享。在我国，学校体育课程资源存在严重的不均衡性，表现出资源的地区分布、开发利用和发展三个方面的差异。资源共享一方面可以实现校际之间、学校与社会之间、甚至学校各个部门之间体育课程资源的优势互补与稀缺资源的共享；另一方面，对学生而言，资源共享可以使学生享用到优质的体育课程资源，提高他们学习的效果；此外，对体育课程资源来说，资源共享扩大了体育课程资源使用的人数，提高了体育课程资源的利用率。

目前，教育部正在大力主抓的"名师工程"和"精品课程建设工程"，就是想通过评选国家级教学名师、国家级精品课程，挖掘一批优质课程资源，提供给广大高校，成为共享资源。体育学科已评选出近十门精品课程。在互联网上供大家享用，实现优势互补。

目前，许多高校还正在设法开发和构建高校与高校之间、高校与社会之间体育课程资源共享平台，解决资源短缺、资金不足的问题，最大限度地发挥高校体育课程资源的利用效率，以缓解高校扩大招生所造成体育课程资源严重匮乏现象。

为了使参与资源共享的各个单位或个人最大效率地享用体育课程资源，必须建立有关协调机构，制定体育课程资源共享政策，规划体育课程资源共享中的重大事件，协调体育课程资源共享中出现的问题，保障体育课程资源共享有序地进行。

（六）创生

创生是指由人的创造性思维和创造性劳动而产生新资源的过程。它包括两种形式：一种是原来没有而被创造出来的资源；另一种是经过资源重组而产生出新型结构的资源。人力资源是创生性资源的主要动力和源泉，其中教师的创生能力在课程资源的创生中起着关键的作用。所谓教师的创生能力是指教师在课程资源的开发与利用过程中，把自己储存的信息或通过实践获得的信息以及偶然间产生的灵感，通过一定的组织加工，使其成为与当前教学密切相关的课程资源的能力。这种能力需要教师有一定的信息储存量，并具备组织信息、提取信息、利用信息的能力，需要教师具有敏锐的观察能力和丰富的联想能力以及在教学活动中及时发现和捕捉学生的创生资源，并因势利导，使之丰富完善的能力等。为此，教师要养成对教材、资料、生活中某些现象以及社会的热点、难点问题进行深入观察和思考的习惯，将教学内容、教学情境、学生的兴趣与观察到的现象或思考联系起来，从而促进形成学生对知识的理解及能力的提高的有效资源。

第四节 校内体育课程资源的开发

一、体育课程内容资源的开发

（一）体育课程内容资源的概念

体育课程内容资源从分类上看，属于素材性体育课程资源的一个组成部分。从定义上来讲，它是指构成体育课程内容要素的来源，如体育的知识、技能、价值观、情感态度，各种身体练习以及学生的经验等要素的来源。正如课程资源与课程的关系一样，体育课程内容资源也构成了体育课程内容的基础，但体育课程内容资源不等同于体育课程内容。当然，体育课程内容资源与体育课程内容在本质上是一样的，它们都是人类各种体育的间接经验和直接经验。体育学科专家、体育教师、学生可以根据需要把各种体育课程内容资源提炼转化为体育课程内容，这一过程就是我们所说的体育课程内在资源的开发。然而，这一过程并不是随意完成的，它是在一定的原则指导下，采用一定的方法、和程序进行的。

需要指出的是，相对于体育课程内容而言，体育课程内容资源要丰富得多。在某种意义上可以说人类所创造的一切文明成果，都可以纳入到体育课程内容资源的范围。明确了这一点，就可以大大拓宽我们的视野，不再把目光局限于限定的体育课程内容范围里，局限于书本和教材，这也是新课程改革所要倡导的课程资源观。

（二）体育课程内容资源开发的原则

1.适宜性原则

适宜性原则是指体育课程内容资源开发必须坚持"以学生发展为本"的价值取向，适宜于不同学段、不同水平学生的身心特点。研究首先将价值判断内容定位，然后寻找相应的、能体现这一价值内容的体育课程内容资源，是从一般的意义上对体育课程内容资源开发的研究。具体操作还要考虑不同学段的学生、心理特点和同一学段的性别特点等

就高校来讲，由于课程方案以"课程标准"为规约，体育课程内容资源开发的广度和深度普遍不及大学，体育课程内容资源开发的条件也一般不能和大学相比，尤其是小学更是如此。从体育兴趣看，研究表明，处于儿童期的小学生把体育看成"玩"，只要有"玩"就满心欢喜。一到三年级多选择游戏、跑步等技术简单、富有趣味的运动；四年级喜欢球类的儿童大量增加，常占到一半以上；五到六年级有更多的儿童喜欢跳高、跳远、武术、球类等有一定技术和技巧的运动项目。从身体机能看，小学低中年级以灵敏性、柔软性的运动为宜，而高年级适宜以发展有氧运动能力为主。在情绪情感方面，小学生尚未面临升学、求职等重大压力，因而其基本情绪状态一般是平静而畅快的。根据小学阶段的这些特点，开发体育课程内容资源时，在开发的价值判断上要侧重于有利于学生身体、心理的健康发展，开发的途径以创编为主；身体练习资源、常规体育器材设施和代用体育器材资源以及其他学科资源是主要的体育课程内容资源。

到了初中，学生的体育学习开始带有技术性的特征，一部分学生开始有了体育的专长兴趣。由于生理上逐渐成熟，使男女生的体育兴趣发生了较明显的变化。男生更喜欢灵活、敏捷、竞赛性强、活动量大的运动，如篮球、足球、田径等；女生更喜欢表现优美、柔韧、节奏韵律感强的运动，如体操、艺术体操、排球等。从身体素质看，初中应注意身体全面锻炼和发展小肌肉群力量与耐力的练习。高中生的体育兴趣更加稳定，而且有明显的选择性。

从年龄上看，高一、二年级兴趣的发展有上升趋势。而到高三却出现停滞和下降的趋势。有的学生对体育的某些项目产生了更浓厚的兴趣，有的学生却对运动变得毫无兴趣，对体育课持消极态度。在性别上的差异也很明显，男生更倾向于一些竞技性强、有一定强度的活动，女生则惰性明显，偏爱一些韵律性强、节奏明快、动作优美的活

动、怕苦、怕脏、怕晒、怕出汗等，尤其不喜欢长跑等项目。在社会适应方面，相比而言，高中阶段是个体正常社会化过程的关键阶段，也是个体社会化开始成熟的阶段。在情绪情感方面，总体而言，中学生的情感体验逐渐丰富，特别是高中生已处于典型的烦恼增长期，而且从情绪体验的内容看，以生理需要为主向以社会性需要为主转变，道德感和美感等情感均向深层次发展。根据中学学生体育学习的特点，开发体育课程内容资源时，在开发的价值判断上要侧重于学生心理的健康发展和掌握一定的体育知识技能；开发的途径以引进和改造为主；具有时代性的和有一定历史尚未进入学校的体育运动项目以及已然存在于体育课程中的传统竞技体育运动项目是主要的内容资源。

从大学来讲，不同于高校带有规范性的"课程标准"，体育课程以"指导纲要"为纲领。因此，体育课程内容资源开发的灵活性要比高校大，开发的条件和师资力量也较高校好。大学生已经步入成人阶段，身心发育基本成熟，体育兴趣爱好广泛，对个性发展提出较高要求，如何在体育课程中更好地展示自我是他们的追求，体育课程内容资源开发以引进成熟的运动项目为主，更多地体现了对体育文化的挖掘，显示出运动教育的特点。不同的特殊专业和性别特点是体育课程内容资源开发需要考虑的方面。在情绪情感方面，大学生因面临就业、人际关系等以及一些大学校园特有的青春期问题而出现情绪较大波动的特点。另外，大学生群体是即将走向社会的特殊群体，对其社会化程度从客观上要求较高。从体育教育看，大学是学生学校体育的最后一站，与社会体育如何更好地结合，使学生的体育行为能够得以延续，对体育课程内容资源开发也提出了一定的要求。根据大学的实际和学生体育学习的特点，在开发的价值判断上要侧重于有利于学生的社会适应能力和了解体育文化；开发的途径以引进和改造为主；具有时代性的和有一定历史尚未进入学校的体育运动项目是主要的内容资源。

总之，学生群体和不同阶段学生体育学习的身心特点，对我们开发体育课程内容资源既提出了不同要求同时也提供了参考依据，我们必须从学生的实际出发，才能使体育课程内容资源开发具有针对性。

2.特色性原则

特色性原则是指体育课程内容资源开发要根据各级学校的实际情况，体现出学校体育传统特色、地域性特色、专业特色和民族特色，形成学校独具特色的体育课程内容。要防止忽视自身的条件和特点、一哄而上的体育课程内容资源开发行为，那会重新回到"大一统"的体育课程内容状态，抹杀体育课程内容资源开发的意义。

3.健康性原则

健康性原则是指开发体育课程内容资源时应把所开发的体育课程内容资源是否有利于学生的健康发展放在首位。

就体育课程内容资源开发是否有利于学生的健康发展、掌握体育知识技能和了解体育文化三方面价值判断内容来讲，掌握体育知识技能是媒介和途径，而了解体育文化则是体育课程价值的一种延伸与拓展，达成学生的健康发展是体育课程的基石和终极目的，因此，所开发的体育课程内容资源必须是健康的，这体现在对学生身体、心理和社会适应能力健康发展的促进上，而身体健康又是其中的首要要求，它要求设想开发的体育课程内容资源必须呈现出身体活动的形式，因为体育课程毕竟有自身的特点，那就是身体上的培养，这是这一学科在学校教育中区别于其他学科的特质，只有通过身体活动的形式方能达成学生心理和社会适应的目的，使健康价值得以落实。如若没有身体活动这一表现形式，体育课程就丢失了其本真，学生的心理、社会适应健康也就无从谈起。因此，从学生全面发展的角度应综合考虑健康、体育知识技能和文化三方面的价值，但必须以健康为主要判断内容，且突出体育课程自身的主要价值，将价值标准的重心放在身体健康价值判断内容上，这是我们在开发体育课程内容资源时必须予以注意的。总之，体育课程内容资源开发的健康价值是必需的，其中身体健康价值又是重中之重。这便为那些诸如多米诺骨牌、麻将、围棋等体育运动项目提供了不宜开发的依据。

（三）体育课程开发的意义

体育课程开发的意义主要从理论价值和实践价值两方面来探讨。

1. 理论价值

拓宽体育课程研究的领域，促进体育课程及体育文化的发展。体育课程内容资源开发对体育课程而言，是一个崭新的领域。对于它的研究，将大大加深人们对体育课程的理解，拓宽认识和研究体育课程的渠道和路径。同时、体育课程内容资源的开发，将极大地丰富和发展体育课程的内容体系，在一定程度上丰富了体育文化的内容，对促进体育文化的传播、创新和发展具有十分重要的理论意义。

体育课程内容资源的开发，定将成为体育课程改革的突破口。这不仅表现在它将直接导致体育课程内容的变革，而且，对体育课程的其他方面如体育课程类型、体育课程评价以及体育课程实施中的教学方法与手段、教学组织形式等的变革，也将产生积极而深刻的影响，对体育课程的整体建设与发展有着重要作用。

有利于促进学校体育与社会体育以及竞技体育之间的联系。一直以来，在理论层面上，学校体育被认为是学校内部的体育活动。如今，人们逐步认识到学校体育不应该仅仅局限于校园内部，而应该逐渐与社会体育和竞技体育加强联系，并在联系中相互借鉴与发展。但是，如何才能在学校体育与社会体育和竞技体育之间架起一座桥梁，一直是人们努力想解决的难题，而体育课程内容资源的开发，则为解决这个难题提供了新的思路和契机。

首先，体育课程内容资源的开发打破了学校的空间界限，使更多社会体育和竞技体育的手段和内容通过提炼、加工成为体育课程内容。学生通过这些内容的学习，不仅可以了解当今社会体育和竞技体育的最新发展动态，而且还能为他们以后参加社会体育和竞技体育的实践奠定一定的基础。

其次，体育课程内容资源的开发，必然要调动社会体育及竞技体育领域的一切可以利用的人力、物力、财力和信息、这在客观上加强了学校体育与社会体育和竞技体育之间的联系。

最后，体育课程内容资源的开发，可以使人们更新观念，促进学校体育与社会体育和竞技体育不同领域之间的相互理解，消除隔阂，从而真正树立"大教育"和"大体育"的观念。

有利于促进体育课程与其他学科课程以及校园文化之间的融合。过去，体育学科与其他学科一样，处于一种自我封闭的发展状况。这不仅阻碍了体育学科的发展，而且也不利于学生身心全面发展。体育课程内容资源的开发，是在学校内外和社会的大背景中进行的，因此必然会超越体育学科的界限，将学校内其他学科的资源以及校园文化资源纳入到自己的视野和范围。体育课程内容资源的开发，将最大限度地促进体育课程与健康教育、生活教育、生存教育、环境教育、国防教育以及校园文化的相互融合与借鉴，使体育课程与各学科的交叉渗透、融会贯通自然而然地发生于课程实施的过程中，对学生的身心教育与影响将更为全面。

为体育课程改革提供理论支撑。理论对实践具有重要的指导作用。体育课程改革必须有完整的理论作基础。当前我国体育课程改革呈现出一个畸形的特点，那就是实践先行，缺乏必要的理论支撑。迄今为止，关于体育课程方面较为成熟的理论专著几乎为零。出现了一个极不平衡的反差，一方面体育课程改革的实践如火如荼，而另一方面相关的理论研究却显得极为贫乏。这势必会影响体育课程改革整体推进的质量与效果。

体育课程内容资源开发的相关成果，将从理论和实践上回答体育课程中遇到的一些新问题，使体育课程理论不断丰富和完善，在一定程度上将为体育课程改革奠定理论基础。

2. 实践价值

有利于促进体育教师的专业发展。课程资源的开发为教师的专业成长找到了一条理想的途径，课程资源开发过程就是教师专业不断成长的过程，开发程度和范围的大小，将决定教师专业发展的程度和水平。长期以来，体育课程内容基本上是由专家预先规划设定的体育知识、技术、技能体系和载体，形成了"专家设计课程、教师教课程、学生学课程"的模式。这使得广大体育教师将体育课程内容视为国家规定学生必须掌握的基本知识、基本技术和基本技能，误认为体育教学大纲和体育教材是既定的、唯一的体育课程内容资源。这不仅束缚了体育教师的手脚，使他们变成了固定的体育课程内容的传授"机器"，也使得最宝贵的体育课程内容资源——体育教师和学生的经验被白白地浪费掉了。

体育课程内容资源的开发。将打破传统的以教材为中心的体育课程模式，充分释放出体育教师的"能量"，有效地促进体育教师的专业发展，使他们真正成为体育课程开发的"主人"。具体表现在：

（1）提升体育教师的课程开发意识。在我国，体育教师长期以来被排斥在体育课程开发之外，只是被动地执行指令性的体育课程计划，同时由于体育师范教育中相关课程理论的结构性缺失，使得他们不可能具备较强的课程开发意识。体育课程内容资源的开发，有助于体育教师加深对课程的认识和理解，并能在参与过程中不断提高课程开发意识。

（2）成为体育教师专业成长的重要推动力量。体育课程内容资源开发对体育教师的课程实践提出了新的挑战，教师在体育课程内容资源开发过程中会遇到各种问题，使他们感到力不从心。但这种压力往往会变成体育教师不断学习、不断更新知识、不断超越自我的强大动力。而且，这种动力是持续的、源源不断的。体育课程内容资源的丰富性和无限性，决定了体育教师的专业发展也是无止境的。

（3）提高体育教师开发体育课程内容资源的能力。对于大多数体育教师而言，体育课程内容资源开发是一个完全陌生的领域。他们不仅缺乏相关的体育课程资源开发理论水平，也缺少在实践中进行体育课程内容资源开发的能力。而体育教师只有通过参与各种体育课程内容资源开发的实践，通过对自己的教学实践不断反思，才能不断积累起对体育课程内容资源的开发能力。

（4）培养体育教师的合作精神。从理论上讲，课程开发本身就是一件需要集体配合的活动。体育教师作为体育课程内容资源开发的主体，不仅需要个体独立的实践与思考，更需要加强与各方面人员的合作，如与其他体育教师的合作、与专家的合作、与学生的合作、与学生家长的合作、与学校行政人员的合作等。

（5）促进体育教师角色和工作方式的转变。体育课程内容资源开发，将使体育教师的传统角色发生根本性的变化：他们将不仅仅是知识的传授者，也将成为学生获取知识的合作者和组织者；不仅仅是知识的拥有者，也将转变为知识的学习者。体育教师的工作方式也将从被动向主动转变，成为课程的积极参与者和实施者。

有利于促进学生的发展：

（1）有利于调动学生多种感官参与学习活动，激发学生的学习兴趣大量、丰富、开放的体育课程内容资源给学生提供了体育教材无法比拟的感官刺激、信息刺激和思维刺激，这既可以提高学生参与体育学习的主动性，又可以使学生在愉悦中掌握体育的知识、技能，培养能力，陶冶情操。如对足球运动的学习，体育教材中所提供的相关信息是远远不能满足学生的需要的。从体育课程内容资源开发的角度而言，教师可以指导学生从多种渠道获得足球运动的各种信息：从网络、报刊中获得足球运动的相关知识、图片；从电视中观看足球比赛的精彩场面；从学校或社区足球场向足球"高手"们学习各种足球技能等。

（2）促进学生学习方式的变革，使学生从被动学习走向主动探索。学生也是体育课程内容资源的开发主体，学生的经验、感受、兴趣、爱好、知识、能力等构成了体育课程内容资源的有机组成部分，这将极大地调动学生学习的积极性和主动性。此外，面对丰富的体育课程内容资源，学生还将面临如何获取信息、如何筛选信息、如何分析信息以及如何从各种信息中归纳出对解决问题有用的东西等一系列问题。因此学生主动参与式的学习、合作式的学习、探究性学习等各种新的学习方式将走进体育课堂，这势必将带来学生的学习能力、学习水平和学习态度等一系列的变化，对培养学生的实践能力和创新能力具有重要意义。

二、体育设施资源的开发

（一）体育课程开发的思路

体育场地、器材是加强素质教育，提高体育教学质量，增进学生健康的物质保证。虽然国家已制订了各级学校体育器材设施配备目录，但由于我国各地经济、文化发展的不平衡，各地、各校体育器材设施配备水平不尽相同，特别是我国许多城市学校体育场地狭小，农村学校体育场地简陋、体育器材严重不足。在这种情况下，应当充分发挥现有体育器材设施的作用，开发其潜在功能。

1. 发挥体育器材的多种功能

一物多用，根据器材特点开发其多种功能，是解决器材品种少的好办法。例如：栏架可以用来跨栏，也可以用作射门，还可以用作穿越的障碍等；标枪可以用来投掷，还可以在两根标枪之间拉上橡皮筋当作跳高架，并可用作蛇形跑、钻"洞"跑、图形移动、跳跃等练习的教具；利用跳绳还可以做绳操、斗智拉绳等。

2. 制作简易器材

制作简易的体育器材，不仅能解决体育器材短缺的问题，还可以培养师生的动手能力。土洋结合，互相嫁接。如：用木棍制成高尔夫球杆；用饮料瓶和软球打保龄球。

变废为宝，因陋就简。把废旧不用的物品，重新改造成体育运动的器材。如：用废旧的铁锹杆、锄头把等制作接力棒；用废旧的竹竿和橡皮筋制作栏架；用废旧足球、棉纱和沙子等制作实心球；用废旧布、豆子或沙子制作沙袋；用木块制作起跑器；用树桩制作"山羊"；用砖头水泥或石块砌成乒乓球台；用砖头、木块、竹竿代替球网。

因地制宜，化旧为新。在教学过程中，可采取因地制宜、化旧为新的方法来利用那些位置固定、不易搬动和调整的大型器材和设施。如：篮板，可以做投掷靶；助木和单杠可以做障碍跑的"山洞"；花坛间的夹缝可以做"战壕"等。

3. 改造场地器材，提高场地利用价值

在我国由于受竞技体育思想的影响，学校体育场地器材大多是成人化的，这实际上是忽视了学生的年龄特点和兴趣爱好。因此，有条件的学校可以将成人化的场地器材改造成适合学生活动的场地器材，努力将体育场地器材改造成学生的运动乐园，以满足学生体育活动的需要，吸引更多的学生参与体育活动。

（二）体育设施资源开发的案例

1. 案例一：精心设计，合理布局场地器材

场地器材是为教学而服务的，适宜的场地器材是完成教学所必需的，体育课上根据教学目标及内容巧妙合理地选择和利用器材是当前一线教师最想了解的。场地的精心设计和器械的科学合理布置，为上好体育课或组织体育活动创造了良好条件，有利于提高学生的学习和练习兴趣，对于完成教学任务是至关重要的。

在一节课当中，器材的巧妙布局和合理利用直接影响了体育课的教学效果。比如：在上技巧类活动课时，可以通过垫子的不同摆放形式来体现教师的教学意图，通过经常改变教学场地，给学生一种新鲜感，除了能解除连续学一个项目所带来的枯燥感和厌烦感外，还能极大地激发学生的锻炼兴趣。

在不同类型的技巧课中，垫子的布局变化（以八块垫子为例）基本上有以下几种：

新授课。学生刚开始接触新知识，对内容本身就感兴趣，摆放垫子不宜花费太大心思。

复习课。复习课是学生掌握技术动作的巩固提高阶段，垫子摆放要有利于学生互相观察和学习，要给教师提供了很好的视角使教师对每个组的情况一目了然。对于动作掌握好的学生，可以互相竞赛、比较；对于动作掌握不好的学生，可以广泛吸收，借鉴其他同学的东西。这种布局也有利于搞小比赛，小竞争，可以充分调动同学们练习的积极性。有利于教师有效地控制练习的节奏，想快，一个接一个连续做；想慢，就用口令指挥八人同时一起做，整体造型既整齐，又美观。

综合课。综合课的特点是既要复习以前学过的内容，又要学习新的内容，所以垫子的摆放既不能太分散，也不能太集中，器材的布局方式要兼顾新授和复习两类课的特点：上新授课内容时，各自为战；上复习内容时，连成一片。

考核课。上考核课时，教师不能只顾考试的学生而忽略了其他练习的学生，但是又必须得突出重点。可用图七和图八的摆放形式将二者有机地结合起来。这两种布局，即可以使练习的学生了解考核学生的低水平为考试的顺序就将布局图八设为练习等级站。按三、二、一、预备考试晋级，做最好的预备考试。学生自己在练习中可以根据自己的情况自动晋级。考核完的学生还可以去辅导掌握稍差的学生。

2. 案例二：开动脑筋，巧妙利用场地器材

场地器材是保障体育教学顺利进行，学生实施有效体育学习最重要的物质条件之一。是搞好体育教学的必要条件，近年来，虽然大多数学校在常规体育器材上有了一定数量的配备，但还是远远不能满足现代体育教学需要，器材短缺仍然是一个亟待解决的难题，再加上实际体育教学过程中，教师也没有足够的时间去布置场地器材，因此我们要开动脑筋，认真思考，充分调动教师的主观能动性，使仅有的场地器材超水平发挥，力争做到"一物多用"、"一场多用"。

下面就以充分利用呼啦圈（或废旧轮胎）来完成跑的教学内容为例。

（1）活动目的：

从游戏中学习跑的基本知识方法，了解用科学的方法进行身体练习。

场地：一块正方形场地。呼啦圈在场地中间任意摆放。

器材：呼啦圈 20 个，录音机 1 台。

（2）活动方法：

1）小游戏：非典（SARS）与安全岛（追逐跑）。

方法：各队挑选一名非典（SARS）杀手在规定区域内传播病毒（手持呼啦圈套人），其余人在快速逃生的同时设法营救同伴。

2）小游戏：快传呼啦圈（超越跑）。

方法：各队第一人手持呼啦圈，各组最后一人，快速由最后跑至第一人的位置，接过呼啦圈前进，新变成的最后一名同学重复此动作，依此类推。

3）小游戏：抢占高地（间歇跑）。

方法：听音乐绕正方形场地慢跑，音乐停止迅速抢占场内呼啦圈。

4）小游戏：团结协作（伴同跑）。

方法：各队两人一组，手持呼啦圈同时前进，绕过前方用呼啦圈设置的四个障碍物后，返回本组，将呼啦圈交于本队第二组，看哪队最先完成。

5）小游戏：巧妙地通过。

方法：在固定场中，限定条件，用呼啦圈自编游戏，以游戏设计巧妙安全，速度快者为胜。

（3）案例评析：

呼啦圈价廉物美，深受广大师生的喜爱，是体育教学中可以充分利用的体育器材之一。在体育教学中利用呼啦圈进行教学的例子举不胜举，例如，扔圈套物激发兴趣；推圈滚动比协调；作为目标出奇效；巧设障碍增能力等。本节课教师将呼啦圈与跑联系起来，巧用呼啦圈设计游戏、同时启发学生利用呼啦圈自创游戏，大胆创新。充分体现了教师的主导和学生的主体作用，最大限度地调动了学生的主观能动性。本节课有两个特点：

第一，一圈多用。呼啦圈作为本次课的器材，自始至终贯穿了整个课堂活动之中，并被不断地变化使用；通过教师巧用呼啦圈设计游戏，唤起了学生好动的意识，激发了学生的运动兴趣，通过教师引导学生运用呼啦圈创编游戏，激发了学生自觉、主动、学习的欲望，从而使本节课始终处在好学、愿学、乐学的学习氛围中。

第二，一场多用。本节课在一块正方形场地上，围绕20个呼啦圈设计了各种跑动练习，不是单纯的绕着场地跑，而是以呼啦圈为引线，设计了各种游戏，在游戏中融入了各种跑动练习。同时利用场内、场外或场内外有机的结合，使学生尽尝跑的乐趣。从乐趣中体会跑的要领，掌握跑的知识，教师从中加以引导，使学生在兴趣中创编更多身体练习的方法。为终身体育打下坚实的基础。

第五节　校外体育资源的开发

一、自然地理资源的开发

体育课程自然地理资源可分为自然景观资源和地理地质资源。自然景观资源是指山川、河流、森林、动植物等资源；地理地质资源是指水文、地貌、气象、气候等资源。我国幅员辽阔，地域宽广，地形地貌千姿百态，季节气候变化万千，蕴藏着丰富的课程资源，应重视开发和利用，学校应该结合所在的地理位置和环境，合理利用周围的自然环境，不仅可以缓解学校运动场地不足的现状，丰富体育教育内容，还能有效地激发学生的学习和运动兴趣，满足他们的运动需要。如利用郊野开展远足、野营活动；利用雪原开展滑雪、滑雪橇活动；利用草原开展骑马、射箭活动；利用森林开展定向活动；利用山地开展登山活动；利用田野开展越野跑活动；利用沟渠开展跳跃活动；利用海滩开展慢跑活动；利用沙地开展沙滩排球、沙滩足球活动；利用江河湖海开展水上各类活动；利用公路开展自行车远行活动等等。

（一）自然地理资源开发的程序

从体育课程资源开发案例的调查来看，体育课程资源开发一般含有调查、制订方案、实施和总结四个主要环节。因此，本节将体育课程自然地理资源开发的基本程序划分为四个阶段：调查研究、制定方案、组织实施和总结评价。

1.调查研究

调查研究是资源开发的准备阶段，决定着开发的质量和效果，体育课程自然地理资源的调查研究包括对学生兴趣、爱好、基础的调查；自然地理状况调查；询问有关专家和有经验教师；查阅有关政策和规章制度等。通过调查研究获取第一手资料，并写出可行性分析报告。

2. 制定方案

制定方案是指在调查研究的基础上，制订出切实可行的开发方案。方案中应对体育教学活动的时间、地点、参与人员、行程路线、方式、突发事件应急预案等进行详细阐述。方案应具体、详尽、可操作。方案制定好后，应广泛征求意见，并取得领导和有关部门的支持。

3. 组织实施

组织实施阶段是制定的方案付诸行动的过程，它是整个体育课程自然地理资源开发过程的核心。体育课程自然地理资源开发的实施不仅需要考虑如何配备人员以及协调人员之间的关系，而且需要考虑有可能影响实施过程的外部因素，如季节、天气、时间等，因为每个影响因素都有可能最终导致整个开发过程的失败。在实施阶段，可能会暴露出一些出乎意料的棘手问题，这些都需要进行果断处理和及时解决。实施阶段包括课前考察地形，计算时间，预计行程、危险地段安全处理与标注、设置意外伤害处理、安全预案演习、学生组织、课程实施等。

4. 总结评价

总结评价阶段是体育课程自然地理资源开发的结束阶段，其主要任务是进行回顾和评价。总结是对实施过程中经验教训的回顾与反思，包括教师心得体会、学生反映、其他反馈和书面总结材料等；评价是对实施效果的总结与分析，包括主要收获、开发与利用的效率、开发与利用过程所存在的问题等。

（二）自然地理资源开发的原则

为了更好地开发与利用体育课程自然地理资源应注意以下几条原则：

1. 安全性原则

安全性原则是指开发的自然地理资源在利用过程中必须是没有危险、不受威胁、不易发生意外事故的。自然地理资源开发与利用可根据项目的安全系数分为低危资源、中危资源和高危资源三个层次进行分层开发。如郊游、定向越野等相对安全的项目属低危资源，可重点开发；登山、穿越森林等稍有危险性的项目属中危资源，可根据情况开发；河湖游泳、野外生存、攀岩、野营等具有一定危险性的项目属高危资源，可选择开发。

2. 从实际出发原则

从实际出发原则是指在开发自然地理资源过程中应本着从地方经济、社会、历史、文化、地理的客观现实和学校、学生的实际出发进行开发。城镇和农村中学由于经济水平不同，体育经费差异大，开发与利用资源的水平和层次就不同；平原与山区学校，由于地理位置不同，周围环境不同，可以开发与利用的内容和项目就随之不同。因此，自然地理资源开发不能一个模式，一刀切。

3. 环保性原则

环保性原则是指在体育课程自然地理资源开发与利用中应坚持人与自然、人与环境的和谐统一，不破坏环境，不污染环境，培养学生保护环境意识。自然地理资源开发与生态保护二者是相辅相成的，自然地理资源保护得好才具有开发和利用价值，而开发与利用又能促进环境保护工作的开展。结合体育教学，从小培养学生保护环境，热爱家乡的意识，可以起到既锻炼了身体又陶冶了身心的作用。

4. 开发与利用相结合原则

开发与利用相结合原则是指在体育课程自然地理资源开发过程中，不能单纯为开发而开发，要注意开发与实际利用相结合，使开发的自然地理资源通过课程实施进入体育课堂。以前，对课程资源的地位和作用缺乏足够的认识，对教材以外的课程资源开发重视不够。如今，课程资源开发问题已经引起关注，但这又可能导致另一个极端，即肆意开发各种资源，而忽视实际的应用价值。因此，体育课程自然地理资源的开发应从实际需要出发，用多少开发多少，既要注意开发的数量，也要注意开发的质量，使之能够得到充分有效的利用。

（三）自然地理资源开发的策略

1. 分层开发，逐步深入

体育课程自然地理资源开发与利用过程中应优先开发利用低危资源和部分中危资源，等条件相对成熟后，再选择一些锻炼价值高的中危资源和高危资源。

小学生危险意识和自救能力较差，应限制在低危资源之内。当然，高危与低危也是相对的，教师、学生安全意识强，训练有素，高危项目也可以转化为中危或低危项目；相反，如果教师、学生安全意识差，纪律松散、混乱，低危项目也可能发生事故。因此，体育课程自然地理资源的开发与利用，必须以加强教师、学生安全意识为前提，本着先低危后高危，进行分层开发与利用。

2. 因地制宜，突出特色

学校所处地理位置不同，其周边环境也不同。有些学校近山；有些学校近河；有些学校离森林较近；有些学校附近有名胜古迹；有些学校旁边有奇峰险洞；有些学校身处风景名胜区。体育课程自然地理资源开发应因地、因时制宜，突出校本特色和学生特点。春天，可以开展登山、郊游、远足、骑自行车；夏天，可以开展远足、野营、游泳、定向越野。

3. 加强管理、重在利用

体育课程自然地理资源的开发与利用，目前还存在许多障碍。因此，地方教育部门应加强管理，创造条件，既要重视开发，更要重视利用，使其更加有效地服务体育课程教学。如：各地教育局可以以文件的形式要求各学校积极组织学生参加野外活动、组织全区高校学生越野赛或进行体育课程自然地理资源开发与利用评比、经验交流等。

4. 以生为本、身心结合

体育课程教学应以学生身心发展为中心，关注学生在课程学习中的主体地位，激励学生主动参与体育学习，积极锻炼身体，培养在野外互相帮助、团结协作，勇敢顽强、吃苦耐劳的精神，提高学生的心理素质。新课程主张将体育课的空间扩展到校外、大自然中，体育自然地理课程资源的开发和利用充分体现了新课程的这一理念。在野外、大自然中，学生既可以吸收清新空气、沐浴阳光雨露，又能放松身心、陶冶情操。

二、体育信息资源的开发

当今是信息高速发展的时代，信息资源已经非常广泛地应用于社会各个领域，特别是随着网络工程的发展以及网络普及面的扩大，增添也加快了体育传播的通道和速度。因此，体育教育也应加大对信息技术和资源的开发与利用，为体育教育的发展获得更多、更新、更快、更广的有利信息。

（一）体育信息资源开发的途径

1. 开设信息交流中心，创建公共信息平台

开设信息交流中心，为教师和学生建立公共信息平台，拓宽信息来源，及时获得国内外各种体育和教学信息，便于提高体育教育质量。

2. 加强与信息传播机构和组织的联系

与信息传播机构或组织联系，及时发布校园体育新闻和其他国内、国外的体育新闻，形成资源共享，打造良好的体育学习和运动氛围。

3. 定期整理研究成果

定期收集和整理教研室或各位体育教师的研究成果，并积极创设条件与其他学校或单位进行学术交流、探讨和沟通，扩展教育理论和成果收集途径，提高查找和收集资料的效率。

4. 健全资料库

健全体育音乐、图像、图片及教学或训练视频等资料，为体育教学、科研、训练和学科建设等服务。

（二）网络环境下信息资源的开发

1. 借助"万维网"的检索功能

万维网（WWW）是英文 World Wide Web 的缩写，也有人简写为 W3、3W 或 Web，在我国翻译成"万维网"或"环球信息网"。WWW 是目前人们通过 Internet 在

世界范围内查找信息和共享资源的最理想的检索工具，它是 Internet 与多媒体技术的结合的产物。因此，有人用公式解释为：WWW=Internet+ 多媒体。WWW 使用了超文本传输协议（Hyper Text Transfer Protocol，HTTP）、FTP、Telnet、Usenet、Archie、WAIS、Gopher 等各种功能。用户通过阅读并选择超级文件，就可以从一个信息跳到另一个信息，通过 Home Page(主页) 就可以在 WWW 世界上漫游。

在文献传递方面，万维网提供了一项特殊的服务 CARL-Uncover 地址，通过它可以进入几百种体育期刊的目录页，同时还提供全文传真服务。

2. 借助电子邮件（Email）

电子邮件就是电子信件，是通过电话线传递信息。它是目前最有魅力、最吸引上网者的网络服务，它速度快，一般几分钟到几小时就可以到达，而且价格十分低廉。体育工作者可以将体育信息用文字，也可以在电子邮件中加入图形、图像、声音、动画等多媒体体育信息发给任何一个网络用户，也可以通过电子邮件接收其他用户发给您的体育信息。

3. 借助讨论组（Discussion Group）

网络上不同的讨论足可以让世界各地的人们就感兴趣的问题交换信息和看法。据统计，目前网上英语运作的体育新闻讨论组超过 2000 个，它们中有些是体育管理方面的，有些是有关运动项目的，还有些是某些专门体育组织设立的，比如，国际体育信息联合会，或美国运动医学会等。

4. 借助远程登录（Telnet）

Telnet 是远程登录协议。通过 Telnet 用户可以登录到远程主机，作为远程主机的一个终端访问和运行远程计算机中的程序和信息；还可以访问另一个分支机构或主办公地点的计算机上的数据，需要查阅图书馆的体育信息资源，了解有关体育书籍是否出版等等。

5. 借助文件传送（FTP）

FTP(File Transfer Protocol）即文件传达协议。它一直是 Internet 普遍应用的重要信息服务工具。它允许用户把文件从一台计算机传送到另一台计算机，下载所需的软件到本地机或将本地机的程序与文件上载到远程计算机上。在利用 FTP 传送时，用户必须先连接 Internet 网络，在本地计算机上启动 FTP 协议程序。启动 FTP 可以传送任何类型的文件：文本、图像、程序和声音。Internet 上有很大一部分 FTP 服务器被称为"匿名"FTP 服务器，这类服务器是免费的，与这类 FTP 服务器联系时，用户一般在"用户名"栏上，填上 anonymous 在 "密码"上填上用户自己的电子邮件地址。借助 FTP 体育工作者在它上面存放文件或将所需要的文件复制到自己的计算机上。

6. 借助搜索引擎

所谓搜索引擎，就是某些专门提供搜索功能的网站，它收集、整理网上信息资源并按一定规则加以整理，这些搜索引擎通常都是提供两种方法检索相关站点及体育信息：一种按主题范围检索，即按类目查找；另一种是关键词查找。

第四章 高校体育课程规划研究

第一节 高校体育课程结构设计的概况及取向

一、体育课程结构概念的界定

课程结构是教育工作者经过漫长的教育实践，特别是 21 世纪以来经过不同学派的课程经验和他们之间的反复论战而逐步发展起来的，因而课程结构属于人为结构。从课程结构的形态看，它包括纵向课程结构和横向课程结构。纵向课程结构由教学计划（课程计划）、教学大纲（课程标准）和教材三个层次组成，即怎样从最宏观的课程目标具体化为最微观的课程形式。而横向课程结构要解决的问题是根据培养目标去设置哪些课程，如何设置这些课程，各种内容、各种类型、各种形态的课程的相互结合如何达到整体优化的效应。从而构成横向课程结构的要素即课程类型、课程内容和课程比例等，它们之间存在着同一水平的关联性。作者在本节的研究主要以横向课程结构为视角，将体育课程结构界定为：在体育课程的设计与开发过程中将所有体育教育的课程要素（课程类型、课程内容、课程比例等）和各组成部分组织在一起，并对其相互关系进行处理所形成的课程体系的结构形态。这种形态的形成要按体育课程目标的规定，为达成体育课程目标服务。

二、国内外高校体育课程结构设计的理论取向概况

（一）学科中心的课程结构设计

以有组织的学科内容作为课程结构设计的基本依据，即为学科中心的课程结构，这种设计方式长期占据课程结构设计的主导地位。以学科为中心的课程结构设计第一个重要特点是对课程内容的组织和选择，对强调的学习内容进行合乎逻辑的组织；第二个重要特点是课程计划预先为学生设计好的，强调的是学生掌握那些预设需要学习的内容。在这种理论指导下建构的课程结构，比较强调课程的"学科教育"特征，课

程实施的模式主要体现为传习式教学，从而造成设计上容易走向僵化，尤其是在促进学生个性发展方面有弊端。

（二）学生中心的课程结构设计

学生中心的课程结构设计是把学生作为设计占主导地位的唯一的依据。在这种设计中，学生的能力发展、需要、兴趣和已有的经验是课程结构设计的基础。与学科中心课程结构设计相比，课程要素之间的关系比较松散，学习活动通常未经充分的组织，课程不能保证提供任何确定的学习范围和顺序。另外，教师处于比较被动的位置，在学生自发学习过程中很难随时满足学生的各种需要，如果完全以学生的兴趣、需要为依据来设计，那么教师这一职业就失去了存在的意义。

（三）社会中心的课程结构设计

社会中心的课程结构设计把社会作为占主导地位的或唯一的依据，设计者把这种设计作为实现他们了解和改进社会的一种途径。社会中心的课程结构设计强调内容的统一性和实用性，更多的是为学生适应社会而不是改进社会。这种设计的缺陷在于课程的范围和顺序没有确切的规定，设计中缺乏有组织的内容，更多针对现实而忽略文化遗产，并且教师很难对这种设计做系统准备，学校的课程材料通常也难以适应这种设计。因此，课程结构设计的理论取向有助于我们在课程结构设计中减少盲目性，增强课程结构设计的主动性；借鉴国内外关于课程结构设计的理论取向时，应注意到社会背景的差异，结合我国高校体育课程的实际分析应用有关成果，有利于开阔视野，更新观念。

三、高校体育课程结构设计的理论取向

在体育课程发展史上围绕着"以何种因素为核心来设计"的问题，存在着种种的理论取向。学科中心论、学生中心论、社会中心论在不同的国家和地区、不同的历史年代都曾发挥过不同的作用，直到今天也有着深远的影响。根据我国普通高等学校体育课程的现状及实际情况，结合课程理论专家的研究，构建学科—学生—社会三维价值取向的体育课程结构较为合适。以学科—学生—社会三种价值取向的课程结构是指谋求学科逻辑、学生的身心特点、当代社会生活中的问题几方面的结合，即综合取向的课程结构。

学生兴趣和需要取向认为课程结构的核心应源于学生的兴趣和发展，社会需求取向认为课程结构的核心应源于社会生活情境中的主要问题，它们都不否认其他方面在课程结构中的价值。因此，体育课程结构板块的设计也应以学生发展为本，素质提高为中心，但仍然需要考虑学科取向、学生兴趣与发展取向和社会需求取向，合理地吸收他们的内核，同时全面地发挥整体最优功能，真正地在经验的基础上实现三方面的整合。

三、高校体育课程结构设计板块

必须把关注体育课程结构设计的视角从关注学生的当前扩展到关注学生的未来；现有的体育课程结构体系必须重新组织，使之具有足够的灵活性、多样性，以适应学生的选择；体育课程内容的设置必须与中学体育、社会体育等内容相联系，具有整体性和连续性。因此，顺应课程发展的思潮，改革单一的体育课程结构，重新建立一个以"健康第一"为指导思想，以学生发展为本，将常规性课程（课内体育教学）、拓展性课程（校内课外体育活动）以及开放性课程（校外体育活动）三部分作为一个整体来考虑，常规性课程侧重于学生的共性教育，拓展性课程侧重于学生的个性教育，开放性课程侧重于学生适应性教育，从而构筑高校体育课程结构。

（一）常规性课程的设计

1.扩大课的类型

由于目前高校体育课程改革的力度较大，新的课程标准扩大高中阶段的教学单元，选修课一般以半学期或一学期为一个教学单元。因此，高校体育课程应与高中体育课程相衔接，确保课程内容的连续性、完整性，并逐渐取消或减少现有的基础课类型的设置。大学一年级体育课程在基础课或选项课的基础上，可逐步对具有一定体育能力的学生开设俱乐部分级教学课或指导课。针对身体或心理存在或出现某种疾病或障碍的学生开设体育医疗保健课等。

2.改进课的开设时间、方式

课的开设时间、方式应趋向灵活机动，有些课可集中与分散相结合，与社会、自然结合。如游泳、水球、救生等水上项目的课可相对集中在夏季；滑雪、滑冰等项目的课可相对集中在冬季；定向运动、野外生存、登山（攀岩）等项目的课程可结合休假期、双休日、春假以及暑假、寒假等组织教学。另外，球类教学课可采用三段教学单元，即基本技术教学—基本战术、比赛规则教学—教学比赛。前两个教学单元时间不变动，第三个教学单元可进行平行班的教学比赛或集中在双休日的教学联赛。这种机动灵活的开设方式，一则能充分利用各种设施为教学服务；二则提高学生多项选择机会，提高积极性；三则可利用更多的机会让学生接触社会、接触自然，有利于学生终身体育观念的培养。

3.增加课的实践内容和理论内容

课程内容应根据各校的实际情况及专业特点，增加新的教学内容，加大选择余地，加强课程内容与社会、生活的紧密联系。实践部分应增加娱乐类、休闲类、冒险类、救生类、养生保健类等内容，并融入体育文化、体育美学、体育欣赏等。理论部分以掌握健身原理、心理卫生、健康教育、体育美学和保健学等基本知识，请专业的体育理论教师以讲座的形式，发放相关资料进行体育知识竞赛的形式或网上学习形式等，使学生对体育有更深层次的认识。特别是高年级学生的体育课程应尽量多开设与社会体育相接轨的实践和理论内容。

（二）拓展性课程的设计

作者在本节研究的拓展性课程是专指在校园范围内，学生在课余时间里，运用各种身体练习的方法，以发展身体、增强体质、活跃身心、提高运动技术水平和丰富业余文化生活为目的而进行的体育教育活动。课程目标以实践活动、竞赛为主，发展学生的个性，培养体育锻炼的习惯。课程的组织形式丰富，包括课外体育俱乐部或协会、假日体育活动、早操、运动队训练、体质健康测试、校运会、学校体育节以及各种课外竞赛活动等。

1.成立各单项体育俱乐部

开设课外俱乐部活动课。课外俱乐部活动课的开课形式以自主活动、指导课为主。课外俱乐部活动课应根据学校的场馆设施和师资等具体情况统筹安排，以学生自定目标、自选内容和自主实践活动为主，定位于提高学生的体育实践能力和培养学生体育锻炼的习惯。指导课主要用来帮助学生巩固和运用必修课上所获得的知识、技能，以学生自练为主，教师指导为辅，使体育教学与辅导从课内延伸到课外，将教与学自然地衔接起来。活动课的时间安排应在双休日、课外时间，每个单项俱乐部安排一二名专业的指导老师，学生随时可得到指导老师的指导，也可采用网上咨询的方式。

2.组建体育社团

高校的体育社团是由各活动项目负责人组织管理、自由参加的大众性的体育团体。一般由学生会、团委出面发起组织，得到学校体育部的支持和指导，注册成立自由体育协会，并允许他们免费或交少许费用即可使用学校的场地设施。大都以单项体育协会的形式出现，如乒乓球协会、篮球协会、游泳协会、网球协会、健美协会等。学生根据协会章程，自愿报名参加，缴纳一定的会费，民主选举管理人员，实行会员制的自我管理。

3.丰富课外的体育竞赛活动

（1）校体委直属竞赛活动。以学校体委牵头的重大赛事，具体由各学院（系）、团委、学生会、体育部协助进行的院（系）际的竞赛活动。如校运动会、体育节、学校传统体育项目的比赛等。

（2）院（系）际的竞赛活动。由各院（系）组织的班际及班级组织的各类竞赛活动。如各类小型的、游戏型的、趣味型的竞赛活动，可采取师生同队、男女同队。其目的是为了吸引更多的学生、教师参加此类活动，以竞赛促锻炼。

（3）校园或宿舍楼之间的竞赛活动。由学工部、团委等组织的各校园或宿舍楼之间的各项竞赛活动。如体育知识竞赛、辩论演讲比赛、棋类、桥牌、体育摄影、体育征文等智力性的竞赛活动。

（4）宿舍楼层际的竞赛活动。由各楼层的学生体育骨干牵头组织的各项小型的具有趣味性的竞赛活动。如不同项目的"擂台赛"、"对抗赛"、"邀请赛"（拔河、三人制篮球赛、各种花样跳绳比赛）等。

4. 开设课外兴趣指导课

由体育部开设的各项体育锻炼指导课，指定有经验的教师指导各个项目的实践学习。在学生自愿报名的基础上开设科目，并且以教学以外的一些技术和技能项目，实施有偿与无偿相结合的教学。如健美操、跆拳道、散打、游泳、体育舞蹈、裁判等级学习等内容采取有偿教学，以提高身体素质以及参加各种娱乐活动为主的则不收费。

5. 组建校运动代表队

主要把那些运动技术上具有一定水平并取得优秀成绩的学生选拔出来，组成单项代表队（或单项俱乐部队），进行系统地训练。

6. 成立体质健康测评中心

一、二年级学生的体质健康评定由任课教师负责，三、四年级学生的体质健康评定可采用三段管理的办法进行。首先由院系发动宣传并组织学生参与课外体育锻炼；其次是体育部集中安排测评时间，集中教师进行一段时间的辅导、测试；最后是因特殊情况没能按时参加测试或测试不合格者，由院系教师或体育教师个别进行辅导并测试。也可成立学校测试中心利用周末或课外时间集中测试。这样的运行体系，使体质健康评定有人抓，有人管，保证了体质健康评定工作有序进行。

（三）开放性课程的设计

作者在本节研究的校外体育活动是指社区体育活动中心、社会体育俱乐部、野外体育活动场所等由学校体育活动机构对学生进行的多种多样的、有目的、有计划、有组织的体育活动。课程目标以实践活动、欣赏、感受为主，提高体育能力，完善体育知识。课程组织形式包括野外体育活动、体育旅游、校外体育俱乐部、体育冬令营、夏令营、体育观摩交流等。

第二节　高校体育课程设计的方法研究

正如社会的急剧发展带给学校教育的深刻反思一样，当今的高校体育课程应当更加关注大学生体育学习的可持续发展，使他们在现实体育生活的体验与感悟中激发起对体育生活的主动探寻。为此，高校体育课程是以提升大学生体育学习力、促进体育学习活动进入日常生活为核心目标，且目标达成依赖于多种有计划、途径下的体育文化传播与熏陶以及大学生自身的运动体验。课程设计是对课程未进入实施阶段前的存在形态的设计，它主要包括课程目标的确立、课程内容的选择、课程结构的规划以及学习方式的安排与建议。高校体育课程设计是高校体育课程基本理论向实践转化的中介与桥梁，其意义不仅在于探讨课程的理论观念，更在于为高校体育课程实践提供有形的方式。为了进一步丰富高校体育课程理论，作者在本节中拟从价值取向的确立、设计路线的论证以及设计原则的制定三个方面对高校体育课程设计的方法进行探究，以便为高校体育课程模式的多元化发展提供参考和指导作用。

一、价值取向的确立

（一）价值取向的回顾与前瞻

课程设计的价值取向是指"在课程设计过程中规范课程设计活动的价值准则。它是课程设计的核心，是理论层面的方法论，也规范着课程目标的性质以及内容选择的范围和领域"。课程设计者的观念和立场不同，将直接通过价值取向反映在不同的目标、内容、结构以及学习方式等具体的设计结果上。进行高校体育课程设计研究，必须首先明确课程的价值取向，否则就有可能陷入盲目之中，导致研究结果的模糊与混乱。因体育"手段论"和体育"目的论"的影响，体育课程的价值取向也存在着分歧。手段论价值观强调体育学科自身的知识逻辑，重视体育知识和技能的培养，重视运动中的合理负荷，强调规范的课堂教学。而目的论价值观，则把学生进行体育运动获得的满足作为价值取向，重视学生的体育兴趣、情感、态度、价值观的培养，反对程序化和模式化的课堂教学，提倡学生的主体性发挥，课程与教学的组织结构形式也较为灵活。可见，不同的体育课程价值取向，将形成不同的体育课程培养模式，学生因体育课程而获得的能力与效果也将出现不同的特征。随着时代的发展，现代课程的基本理念呈现出新的特点。现代课程设计要解决的核心问题是发展学生个性的问题，促进学生个性自主和谐地发展是现代课程应发挥出的最大价值。科学与人文相结合、社会需要与学生需要相兼顾，是当代课程设计价值取向的基本趋势。

（二）体育文化与生活取向的考证

科学主义支配下的课程价值取向，强调学科本身逻辑体系的科学作用。人本主义支配下的课程价值取向，强调学生情感、意志、价值观的培养。受这两种价值取向的影响，体育课程的价值取向也可以划分为科学主义体育课程价值取向和人本主义体育课程价值取向。前者突出知识与技能、技术与方法、负荷与原理、体质与健身；后者强调兴趣与情感、精神与理想、体验与感悟、人格与个性。随着科学主义教育与人本主义教育走向融合的趋势，体育课程设计的价值取向也应当从体育的科学价值和体育的人文价值中探求新的统一。高校体育课程力求培养大学生的体育学习能力，并且使他们能够具备终身体育学习的动力和能力。它同时关注体育的科学文化价值和体育的人文文化价值，因此，学习活动过程应强调体育文化价值取向。通过体育课程的培养，力求使大学生具备较高水平的体育文化素养，能够从体育的知识技能、过程方法以及情感、态度和价值观的学习活动过程中取得身心的良好变化与和谐发展。由此看来，体育文化价值取向融合了体育的科学价值和体育的人文价值。同时，当今高校体育课程更加关注大学生的健康生活方式，重视主体性发展，关心精神需求。在体育学习活动过程中需要使大学生享受活动参与所带来的乐趣、体验努力坚持所收获的成功、理解交往合作所产生的意义、领悟探究创新所拥有的审美。这种以生活着的方式所进行的体育学习和在体育学习过程中所拥有的生活体验，促进了大学生的全面发展。可以说，高校体育课程不可缺少生活的价值取向。

为此，高校体育课程设计的价值取向应当是体育文化与生活，这不仅显示出培养社会所需要的高素质全面发展的人才要求，同时也反映出大学生主体性发展、个性丰满、人格健全、体验人生和超越自我的自身需求。

二、体育课程设计路线的论证

（一）体育课程路线的设计

课程的路线设计是指课程设计基本思路的逻辑展开，不同的路线设计体现出不同的价值取向。当今最具有影响力的是目标模式课程设计和过程模式课程设计。目标模式课程设计是以明确而具体的行为目标作为课程设计的中心，具有逻辑的严密性和系统性以及操作的简便性和实用性等特点。过程模式课程设计主张课程设计应当详细说明所要学习的内容以及所要采取的方法，提倡对目标采取灵活的态度，强调学生主动参与学习活动，注重自己发现、自行探究的学习过程。应当说，目标模式的设计路线有其值得参考和借鉴的地方。因为在确立目标的过程中是以考虑分析社会需要、学生需要和学科功能为基础而进行的。在目标模式课程设计的思维视野里，让学生系统、高效地掌握体育的知识、技能与方法，并通过学习活动以促进其身心健康，这也是高校体育课程所引导和培养学生的一项重要任务。但是，正如过程模式所反对的一样，目标模式以严密的行为目标来统领整个体育课程设计，将会容易导致忽视学生的主体性发挥，容易忽视体育学习活动过程中学生的能动性和创造性，从而使体育课程失去灵性和生机。为此，在体育课程设计中应当兼顾目标模式和过程模式设计路线的优点，以目标作为课程设计的开端。不仅重视行为目标的作用意义，而且同样关注过程性目标和表现性目标的设计表述，由此来展开课程内容、课程结构以及学习方式的设计与建议，并充分考虑学生的主体能动性、创造性的发展以及个性的发挥。

（二）体育课程设计的逻辑起点

进行高校体育课程设计，不仅需要考虑社会对未来人才具有的需求特征，同时还要重视对大学生主体性发挥的积极关注。为此，高校体育课程设计的逻辑起点应当是提升大学生的体育学习力。这就要求体育学习力中必然蕴涵着科学文化要素和人文文化要素，必然凝结着个体适应社会发展要求的特征和个体对体育学习过程本身的需求特征。对于大学生的体育学习来说，不仅是一个体育知识、技能和方法的获得与掌握过程，也是一个运动体验的过程，同时还是体育情感、体育态度和体育价值观朝着积极方向发展变化的过程。因此，体育学习力是个体进行体育学习所拥有的风格魅力，它具体体现为学习的动力与能力。体育学习风格是体育学习动力与能力集中在个体身上的一种持久稳定的、带有个性特征的学习方式，形成体育学习风格是个体具备体育学习能力的标志，而凝结在体育学习风格中的则是来自体育科学素养和体育人文素养的积累与沉淀。可见，体育学习力充满着浓郁的个性色彩，是个体在体育学习过程中主动性学习、策略性学习和创新性学习的体现。课程设计的逻辑起点从提升大学生的体育学习力着手，本身就包含着体育科学文化培养的要素和体育人文文化弘扬的要素。这一逻辑起点，从一开始就融合了目标模式课程设计和过程模式课程设计的优势因素，使大学生体育学习的动力和能力在个性发展的轨道上有指导地进行。

（三）体育课程设计的逻辑展开

高校体育课程设计以提升大学生的体育学习力为逻辑起点，为设计路线贯穿了一条明晰的主线，即围绕着提升大学生的体育学习力以形成具有个性特征的体育学习风格而展开后续的具体设计。因此，为落实传承文化和体验生活的价值取向，就需要通过蕴含科学性和人文性的课程内容、突出社会化和生活化的课程结构以及关注经验与体验的学习方式等具体设计的进一步展开而实现。蕴涵科学性和人文性的课程内容是指选择的教育素材应具有丰富的科学价值作用和人文价值作用。考虑到培养有利于促进大学生体育学习动力和能力的要求，就需要通过研究把它们选择整理出来，这正是课程设计逻辑展开的第一步需要面对的问题。接着就是这些课程内容在怎样的组织结构形式中存在并发挥作用的问题，这就需要贯彻突出社会化和生活化的课程结构设计。前者要求学科课程、活动课程与隐性课程的有机统一，要求多种组织形式的共同影响与协调配合；后者要求健身、竞技、休闲等教育素材在各种组织形式中的合理安排，这是课程设计逻辑展开中需要重点探讨的关键。

最后，需要把课程中的学习方式给予明确的说明，这是课程设计走向课程实施的桥梁。围绕着传承文化和体验生活这一逻辑展开的核心主题，本节提出关注经验与体验的学习方式。关注经验，就是重视大学生体育学习活动的知识、技能与方法。关注体验，就是重视大学生体育学习活动的内心感受、反应、联想与领悟，关注大学生在体育人文文化熏陶中的培养与发展，它是生活化学习方式的根本体现。因此对关注经验与体验的学习方式的建议，是课程设计走向实践的具体方法操作指南。通过上述关于以传承文化和体验生活为实体的课程设计的开展，更加突出了过程培养的设计意义，从而使课程的目标与过程有机地联系在一起。

三、体育课程设计的原则

（一）突出鲜明的设计理念

高校体育课程设计的理念一方面必须依据社会、学生和体育学科自身发展的需求，另一方面也要结合学校所在地区和所属学校种类的现实背景和客观条件。高校体育课程设计理念由它自身的价值取向所决定，是体育课程设计的具体化。就时代背景和教育背景看，为了有效引导大学生进行体育学习活动，就必须在课程目标、课程内容、课程结构的设计上，体现并贯穿"健康观"、"文化观"和"生活观"的鲜明理念。

（二）确立多维性的设计目标

高校体育课程在目标设计上应当兼顾社会需求与学生需求的和谐统一。社会需求主要表现是需要能够在社会中健康生活和发展的毕业生，而学生需求是希望通过体育课程的学习达到个人的愿望与理想，体会和享受学习中的精彩与快乐。所以说，在确定体育课程设计目标时，既要重视体育文化的不断传承，又要考虑学习过程的主观感受；既要遵循体育课程的科学逻辑性与某些整体性目标的相互融合，又要体现学生的多样化需求和体育课程的特殊人文教育功效。这种多维的设计目标具体表现在：从层次上看应具有基础目标和发展目标；从形式上看，应具有行为目标和过程目标；从内容上看应具有动力目标和能力目标。

（三）注重功能性的设计内容

体育学习内容多种多样，选择体育学习内容应当反映高校体育课程所期望的内在价值以及所蕴含的科学性和人文性。尽管从理论上来分析，单个项目在作用上具有多元化价值，但在实际操作中，单个项目的多元化价值却难以发挥，由此出现了部分选项课教学未能达到促进大学生社会适应性和心理健康的目标。因此，高校体育课程在设计内容上应该从项目功能上进行分类设置，诸如：休闲类、健身类、竞技类、野外拓展类等。在此基础上构建具有各自优势功能的项目板块，从而建立起具有互补效应的多功能的内容体系。

（四）创建系统性的设计结构

在进行高校体育课程设计时要注意发挥出课程设计的整体优势，系统性设计的实质核心是确保课程结构各要素的完整性及形成相互之间的有机联系。课程设计结构的要素，从宏观来看需要考虑显性课程与隐性课程；从种类来看需要考虑学科课程与活动课程、必修课程与选修课程、正式课程与非正式课程；从学习活动的组织形式看需要考虑体育课教学、体育俱乐部、体育协会、专题讲座与讨论、校园体育网络、社会体育交流、业余训练与竞赛等，课程设计的重点和难点就是把这些要素整合起来以发挥出系统的最优化效应。北京大学的"完全开放式"、清华大学的"三自主分层教学"、深圳大学的"俱乐部教学模式"、长城旅游学院的"定向拓展、成套组合"以及福建师范大学的"主、副项制"等，这些体育课程模式说明，由于学校所在地区和所属学校种类的现实背景和客观条件不尽相同，导致课程结构诸要素的安排与组合不同，使课程结构设计具有很大的灵活性，也是体育课程模式多样化的主要原因。为此，高校体育课程需要依据课程理念目标，结合地区或学校的条件背景，对课程结构中的诸要素进行有机组合，建立系统性的设计结构，以实现特定的功能。

（五）体现生活性的学习方式

探讨体育课程设计中的学习方式，目的是使大学生运用最有效的学习活动的组织形式去感知、理解、体验和享受学习内容，从而获得知识并理解其中的科学价值和人文价值。因此，学习方式要体现出生活性的设计原则，使高校体育学习走向生活化。生活化的体育学习，并不只是从事自己所喜爱的体育项目，而是在学习过程中有观察与模仿、有接受与尝试、有交往与合作、有体验与探究、有突破与创新。生活性学习方式不仅体现在大学生的现实体育生活里，也体现在大学生的课余体育生活中。现实体育生活是多彩生活的直接体现，关注的是体育学习过程中的真实情感；而可能体育生活则是通过体育学习活动达到更有价值和意义的新的体育生活方式，是超越现实体育生活、追求价值与意义的体育学习活动。引导大学生探寻未来体育生活的价值，促进主动与自主学习是高校体育课程中学习方式的努力方向。

第三节　高校体育课程体系的构建

一、高校体育课程体系的缺失

研究表明，我国高校在体育课程方面缺少对应与匹配的内容，只要求学生能够进行简单的技能、体能测试和评价体质健康状况，而怎样从体能与技能的角度来拓展学生的知识面，大学生应达到的健康标准是什么等关键内容提及较少。我国普通高校学生对目前体育课程的总体评价较高，但现有的教材内容、教学效果、教学方法、师生关系等在某种程度上对学生的兴趣、需要以及价值判断上有着消极影响。对如何进一步强化普通高校体育课程改革的中心工作，尤其是在"健康第一"指导思想下和阳光体育运动背景下普通高校体育课程体系的构建上还缺少有价值的研究，因此难以有针对性地采取长效发展策略。经过调研分析，我国普通高校体育课程体系主要存在以下问题：①对体育课程体系的认识不够，没有与时俱进，理论水平仍停留在原有的基础上，还未建立一种全新的思维理念；②缺乏相关的内容，课程教材建设远远落后于学校体育的发展；③现有的课程目标与时代要求有一定的差距，存在片面性、局限性，影响课程内容的发展方向；④实施体育课程改革的组织措施不力，改革方法与手段落后，缺乏科学的教学评价和对学生能力的培养；⑤师资方面，教师的业务素质和能力跟不上教育教学改革的发展要求，缺乏必要的业务培训和自我更新。⑥普通高校学生目前在体育与健康教育的意识和价值取向方面还存在着一些制约因素。

二、高校体育课程体系构筑的理论依据及历史机遇

《中共中央、国务院关于加强青少年体育增强青少年体质的意见》、《教育部国家体育总局共青团中央关于开展全国亿万学生阳光体育运动的决定》、《教育部国家体育总局关于进一步加强学校体育工作，切实提高学生健康素质的意见》、《中共中央国务院关于深化教育改革全面推进素质教育的决定》、《教育部关于进一步加强高等学校体育工作的意见》和《全国普通高等学校体育课程教学指导纲要》等是普通高校构建体育课程体系的理论依据；全面贯彻落实"健康第一"、"以人为本"的教育指导思想，是高校体育课程体系构建的关键。党的十六大深刻阐述了全面建设小康社会的目标，明确提出"全民族的思想道德素质、科学文化素质和健康素质明显提高，形成比较完善的现代国民教育体系、科学和文化创新体系、全民健身和医疗卫生体系"。这里所强调的提高全民族的健康素质，既是全面建设小康社会的发展目标和标志，又是全面建设小康社会的基础和必然要求。我国启动的"全国亿万青少年学生阳光体育运动"，是新时期贯彻 2007 年中央 7 号文件、加强青少年体育、增强青少年体质的战略举措。这一活动的目的就是要通过阳光体育促进各级各类学校形成浓郁的校园体育锻炼氛围和全员参与的群众性体育锻炼风气，吸引广大青少年学生走向操场、走进大自然、走到阳光下，积极主动参与体育锻炼，培养体育锻炼的兴趣和习惯，有效提高学生体质健康水平。全面建设小康社会的奋斗目标的提出和阳光体育运动的开展，既为普通高校体育课程改革的快速发展提供了机遇，又对高校体育教育事业的发展提出了更高的要求。因此必须更加清醒地认识当前教育发展的大好形势，抓住机遇、加快发展的紧迫性；还要更加深刻地分析教育改革和发展面临的错综复杂的内外部矛盾，把握教育改革和发展的战略重点，构筑面向 21 世纪的普通高校体育课程体系。

三、高校体育课程结构体系

一、二年级的第一学期初，进行体质测试（含心理健康测试），主要测试指标（特别是耐力素质和力量素质）达到国内正常的中上水平（或者达到《体质健康标准》的良好以上）者进入运动技能班学习，否则进入运动处方式教学班，主要进行以提高身体素质为目的的练习。对经心理测试显示有心理障碍或心理疾病的学生，对其进行心理咨询或心理治疗。运动技能地学习以体育俱乐部式（即体育选项课）教学为主，学校体育部门统一制定各运动项目的考核标准，学生每学期可有多次考核机会，通过的可以免修此运动项目，进入下一阶段学习。当学生在两年内体育与健康理论考试、体质健康测试通过，又有两项运动技能（必须为个体性和合作性运动各一项）考核通过，可以免修体育课，但仍需进行体质监控，保留其学习运动技能的权利，鼓励学生掌握第三项以上的运动技能。体育部门为每一个学生建立体质健康档案，如实记录体质检测结果和运动技能学习状况，并为之保密。学校鼓励学生成立各种体育社团组织，主要由体育部门统一进行学分制管理。

新《全国普通高等学校体育课程教学指导纲要》规定："普通高等学校对三年级以上学生（包括研究生）开设体育选修课。""应把校运动队及部分确有运动特长学生的专项运动训练纳入体育课程之中。对部分身体异常和病、残、弱及个别高龄等特殊群体的学生，开设以康复、保健为主的体育课程。"这充分体现了国家对学生的全面关心。

第五章 高校体育教学方法的改革与创新

第一节 高校体育教学中多媒体技术的应用

一、多媒体教学技术的特征

（一）多媒体教学技术的多维性特征

所谓的多媒体技术的多维性特征，主要指的是多媒体教学技术所拥有的对信息范围进行处理的扩展与扩大空间的能力，而此种多维性职能能够变换、加工、创作输入的信息，使其输出信息的表现能力得到增加，其显示效果得到丰富。例如，在高校体育教学开展的过程中，利用多媒体系统进行辅助，不仅能够保证学生对文本知识的学习，使其对静止图片进行观察，并且在多媒体技术的支持下，学生能够清楚地观察、了解体育教师的动作演示，使高校体育教学效果得到加强。

（二）多媒体教学技术的集成性特征

所谓的多媒体技术的集成性特征，主要指的是多媒体技术能够将不同类别的多种媒体信息有机地进行同步组合，例如，声音、文字、图像，等等，进而促进多媒体完整信息的形成。此外，集成性还存在另外一层含义，指的是对这些多媒体信息进行处理的工具或者设备的集成，包含视频设备、储存系统、音响设备、计算机系统等的继承，总而言之，指的是在提供的各种设备上将各种媒体紧密地进行关联，使文字、声音、图片与音像的处理实现一体化。

（三）多媒体教学技术的交互性特征

所谓的多媒体教学技术的交互性特征，主要指的是人和人之间、人和机器之间、机器和机器之间的交互活动，也就是人和机器进行对话的能力，也就是使用者同机器之间进行沟通的能力。这也是多媒体计算机系统不同于传统音响、电视机等家电设备的地方。根据实际的需要，人们能够选择、控制、检索多媒体系统，同时，还能够参与到播放多媒体信息与组织多媒体节目的行列中。传统的只能接受编排好的节目形式已经被打破。

（四）多媒体教学技术的数字化特征

所谓的多媒体教学技术的数字化特征，主要是指在多媒体计算机系统中，各种各样的媒体信息都是以数字的形式在计算机中存放，并得到处理。多媒体技术是在数字化处理的前提下被开发的，例如，以矢量方式储存与处理的图形、以点阵方式储存与处理的图像、以数字编码方式储存与处理的音频和视频。在数字化技术发展的背景下，多媒体教学技术得到了广泛地传播与发展。上述的四种主要特征，多媒体教学技术还有其他的一些特征存在，通常来讲，还拥有分布性、综合性与实时性等特征。所谓的实时性特征，主要指的是对于同时间相关的心理，如声音与视频信号等的处理，还有人机的交互显示、操作与检索等操作都存在实时完成的要求。所谓的分布性特征，主要指的是基于多媒体数据多样性的存在，在不同的时间与空间都会存在它的素材，并且在不同的领域中，它得到了广泛应用。所以，对于多媒体产品的开发，在不离开计算机专业人才参与的同时，更加需要的是听、视专业的人才。而多媒体计算机系统的存在比较明显的综合性，它不仅能够综合集成各种媒体设备，同时还能够综合提成各种信息，使他们成为整体，促进综合效应的产生，不再是单兵作战，而是文字、图片、声音与音像的有机组合。

二、多媒体在高校体育教学中的应用优势

多媒体教学教学技术通过文字和图形的形式，同动画、音频与视频相结合，将体育课程的教学内容进行立体地显示，具有表现形式和表现手段丰富多样、灵活多变的特征，使其独特的优势得到充分体现。

（一）多媒体技术使高校体育教学观念得到了更新

高校体育教学的传统教学模式是以教师的教作为重心，在高校体育教学应用多媒体技术，能够使此种传统高校体育教学模式发生改变。体育教师在进行授课的过程中，对现代化的多媒体教学手段进行了应用，同时还需要人机交互活动与学生间交流活动的开展，使学生的体育参与意识得到激发，将体育多媒体教学的教学思想进行了展现，即以学生的"学"作为中心。这都能够极大地促进高校体育教学方法的实践性与多样性变革，改变学生体育知识与体育技能的学习思路与方式。

（二）多媒体教师使高校体育教学的质量得到提高

在体育课程的传统教学活动中，教师主要应用的教学方式是讲授为主，挂图等展示方式为辅。在实践课中则需要体育教师进行讲解与示范，在主观条件与客观条件的约束下，很难做到完全规范、标准的技术动作示范，在较短的时间内，学生们正确的动作概念也很难形成，只有体育教师才能够反馈出学生的体育学习状况，而这样的高

校体育教学效果也是可想而知的。

媒体高校体育教学的实施使得上述的状况得到改变，在文字与图片的辅助下，体育课程的抽象概念得以具体化、形象化，而通过计算机，就能够对难度较高的体育技术动作进行模拟演练。而在对速度较快、结构复杂的技术动作进行讲解与示范的过程中，取得的效果则将会更加地明显。在多媒体技术的支持下，通过慢动作使学生对这一系列动作进行清晰的认知，促进相关体育概念的形成与动作要领的掌握，方便进行模仿与掌握，使得高校体育教学的效率与效果得到极大提高。

（三）多媒体技术使学生的体育学习效果得到提高

多媒体技术能够使人的视觉、听觉等多种感官系统得到刺激，促进大脑不同功能区域交替活动的开展，促进体育学习内容生动化、形象化地发展，增强高校体育教学活动的趣味性与直观性，方便学生对体育技术动作的理解。多媒体技术对字体、色彩、图表、音乐、动画和闪烁等多种表现手段进行了综合利用，保证"声图并茂"、"有声有色"，使得高校体育教学内容的艺术表现力与强烈的感染力得到增强，使高校体育教学的课堂氛围得到活跃，特别是多媒体高校体育教学资料中对肢体和谐美、力量美与技艺美的体现，使高校学生对体育的功效与个性的社会价值取得真正的认识，使他们的求知欲与体育学习的热情得到激发，进而使学生的体育学习兴趣与体育课堂教学的质量得到有效提高。

三、多媒体 CAI 在高校体育教学中的应用

（一）目前我国 CAI 的发展现状

目前，CAI 正迎来了一个多媒体大面积教学的时代，即使用先进的计算机技术、多媒体技术、网络技术、通信技术和设备，"让最好的教师面向最广大的学生的时代"。所以，保证 CAI 课件大数量、高质量的发展具有十分深远的意义。

（二）多媒体 CAI 的发展趋势

对于近年来，在 CAI 中多媒体技术的应用情况进行综合分析，可以得知多媒体 CAI 的应用存在三个方面的发展趋势，具体内容如下：

1.呈现网络化的发展方向

计算机技术的不断发展，尤其是网络技术的迅猛发展，使人们的生活方式与工作方式得到很大的改变。网络技术的发展需要多媒体技术的支持，而多媒体技术需要在网络中得到应用，进而使网络的表现力得到了增强。在网络中应用 CAI 课件，能够保证"最好的教师面向最广大的学生"，进而使多媒体 CAI 的群体教学模式得以实现。

2.呈现智能化的发展方向

从功能上来讲，多媒体教学软件与智能教学辅助系统之间存在着互补的关系，如

果能够将两者进行结合，那么就能够规避短处的同时而发扬长处，进而使得性能较高的新一代多媒体 CAI 系统得以应运而生。如果想要使多媒体 CAI 具备一定智能性的问题得以实现，那么就不仅仅需要同人工智能领域的知识表达与知识推理紧密联系在一起，同时还需要对学生模型的建构问题进行考虑。在人工智能领域的知识表达与知识推理问题上，需要探求出一种能够与多媒体环境相适应的新型知识表达方式及与之相对应的推理机制。

除此以外，还能够更可能地应用方法保证多媒体知识库中导航功能的智能化发展。智能化导航在具备一般导航功能的同时，还能够按照当前学生的知识水平，对学生最合适的下一步路径进行及时的建议，如果学生碰到了困难，就要对学生进行帮助，等等。

3. 呈现虚拟现实的发展方向

虚拟现实的英文全称是 Virtual Reality，简称为 VR，属于交互的一种人工世界，需要多媒体技术同仿真技术的有机结合，在此种人工交互的情境中能使人产生一种身临其境的感觉。通常来讲，如果想要融入虚拟现实的环境中，那么就需要对一个特殊的头盔与一副特定手套进行佩戴。

在高校体育教学中应用 VR 技术，具有十分令人向往的前景，例如，我们可以对一个"虚拟物理实验室"的系统进行建造，这种系统能够帮助学生开展各种各样的虚拟实验，如万有引力定量实验等，进而深入地了解物理的概念与规律。伴随多媒体技术与仿真技术的不断发展，VR 实现的理论与方法也不断发展。例如，美国城市设计与规划专业的学生，利用这一套系统，从而能够对虚拟的城市进行设计、制作，如果学生能够改变城市场景的视图，那么就能够对观光浏览真实幻觉的出现起到一定的促进作用。

（三）同传统的高校体育教学方法相比，多媒体 CAI 具有的优势分析

在高校体育教学课堂教学活动开展的过程中，由于高校体育教学内容与高校体育教学任务方面存在着一定的需求，因此，多媒体 CAI 能够科学地、合理地对现代化教学媒体进行选择，并进行应用。而信息的全方位传播需要人体的多种感官，同时对于媒体组合开展的系统教学能够进行反馈与调控，在高校体育教学课堂教学开展的过程中，保证它的存在是始终有效的，从而实现高校体育教学过程的优化。

多媒体 CAI 高校体育教学同传统的高校体育教学活动相比较，存在的优点有以下几种。

1. 体育教师在指导学生体育学习活动的过程中对其系统进行利用

在现代化高校体育教学中，计算机能够对大量的教学相关信息进行承载，能够按照高校体育教学的实际需要，开展人机对话，并且能够对各种各样的高校体育教学活动随意地调用、开展。

2. 可帮助学生对动作概念尽快地建立

如果能够将多媒体 CAI 应用在体育课堂教学过程中，就能够促进力量教学效果的获得。例如，体育教师在对足球理论课进行教授的时候，提到"越位"这一概念的时候，大部分学生对此概念能够很好地理解，然而，在具体的实践中却不能较好掌握。在进行表达的过程中，体育教师可以用画图的方式讲解，同时，还能够对声像资料进行应用，对于足球比赛活动中一些典型的与不典型的"越位"镜头编辑在一起，从各个角度出发，向学生及时展示什么是"越位"，同时还要将经过多次推敲的解说词列入其中，使学生的各个感官得到调动，从理性上与感性上使学生对这一概念进行理解。

3. 学生可用其对自我学习、自我测验与自我评价直接地开展

对于多媒体高校体育教学的使用方法，由体育教师向学生传授，保证学生的体育学习活动，不仅能够在课堂上进行，还能够在课堂教学结束后开展，即复习或自学。

4. 向学生及时、准确地反馈其学习进程，使体育学习效率得到提高

在传统的高校体育教学过程中，教师在对跳远动作进行教学的时候，会对学生做出的不规范腾空动作或者是没有达到规定标准的动作进行指出，但是有时候学生可能并没有意识到错误的动作，因此导致教师和学生之间出现了沟通障碍，需要注意的是，如果想要消除掉此种掌握，就需要在体育教师的悉心指导下，学生对某一种动作一遍一遍地不断重复，并且在不断地重复练习中，对动作的要领不断体会。如果是在学生需要改进某一个成型动作或者使自身运动成绩得到提高的时候，就可能会导致学生具有较低的训练水平与较慢的成绩提高。如果体育教师对每一次学生做的跳跃动作进行录制，进行慢动作处理。再组织学生进行观看，使学生对于存在的问题能够及时地发现，并予以纠正。还可以利用计算机的处理作用，将一些优秀学生所做的这一动作进行事先的录制，再将两者开展对比，就能够很明显地得出两者之间存在的区别。此外，这套编制的多媒体 CAI 在专业运动员的训练中也同样适用。

5. 使学生的体育学习兴趣提高

在传统高校体育教学活动开展的过程中，鉴于高校体育教学单一形式与落后教学手段的存在，使得学生由于在学习过程中存在反复、辛苦、无聊而产生的不能积极应对学习的心理状态想要调整过来是不容易的，同时，多媒体 CAI 具有的形式是新颖的、变化多样的，能够对学生良好的心理状态进行调节，同时还能够有效刺激学生自身的求知欲，从而使学生的体育学习效率得到一定的提升。

综上所述，多媒体 CAI 能够刺激学生的各种感官，对知识或信息进行最大限度地吸收。多媒体 CAI 在高校体育教学中的应用，促进高校体育教学软件多媒体化的发展，能够使学生心理上的不同要求得到更好地满足。它能够将信息编码成图像，经过同步识别以后，保证高校体育教学文件的声图并茂，绘声绘色，且清晰，便于理解，使学生更加容易接受。

（四）体育多媒体 CAI 课件设计

体育课件的结构主要包含两个主要部分构成，即原理教学模式与训练教学模式。而对于体育多媒体 CAI 课件而言，总体的结构组成是高校体育教学内容与高校体育教学目标，其主要目标是使学生对体育基础知识和基本技术、技能进行掌握，使学生的身体素质得到增强，使学生的良好思想品德得到培养，促进学会观察能力与模仿能力的提高。

1.体育多媒体 CAI 课件设计步骤

体育多媒体 CAI 在设计的过程中，主要包含四个主要步骤，具体内容如下。

（1）体育多媒体 CAI 课件设计的第一阶段。在体育多媒体 CAI 课件进行设计的第一阶段，首先要对题目进行确定，之所以对题目进行确定，目的在于对课件设计所依据的规范进行了解。

（2）体育多媒体 CAI 课件设计的第二阶段。在体育多媒体 CAI 课件设计的第二阶段，要对脚本进行撰写。撰写脚本的目的是对高校体育教学的内容进行安排。主要使由具有丰富教学经验的高校体育教学或者作者来负责撰写。

（3）体育多媒体 CAI 课件设计的第三阶段。在体育多媒体 CAI 课件设计的第三阶段，需要编制软件，在前两个阶段中还只是纸上谈兵，但是在这个阶段，不再是字面上的，而是课件的实际材料。在这一过程中需要做的工作有三项，即：①通过对多媒体编辑工具的利用，对多媒体数据进行准确；②通过多媒体的著作工具对多媒体课件进行制作；③对相关的程序进行编制。

（4）体育多媒体 CAI 课件设计的第四阶段。在体育多媒体 CAI 课件设计的第四阶段，需要测试、检验。当完成了体育多媒体 CAI 课件的开发、设计工作以后，就需要进行测试、检验。主要目的在于对体育多媒体 CAI 课件的运行情况进行测试，从而对课件能否达到规定的目标进行测验。

2.体育多媒体 CAI 课件的选题原则

我们都需要承认的是体育多媒体 CAI 课件具有的优势是非常强大的，然而，有时候也会有存在相对的不足与局限，因此，在完成全部教学任务进行完成的过程中，不能对体育多媒体 CAI 课件过分依赖，还应该对高校体育教学目标、高校体育教学条件、高校体育教学资源与高校体育教学内容进行考虑，保证选择的最优化，并精心设计。更是要同其他教学媒体紧密联系在一起，组合应用，才能扬长避短，构建更加高效的教学系统。

我们首先要对体育多媒体 CAI 课件设计的价值进行考虑，即这堂课是否必须要使用课件。如果传统的教学方式就能够使良好的教学效果得以达成，就没有必要花费大量的精力去对体育多媒体 CAI 课件进行制作。所以，在对体育多媒体 CAI 课件的内容进行确定的时候，通常会很难使用语言对高校体育教学过程中的难点与重点进行清晰的表达，在这样的情况下，对于体育多媒体课件的形式进行使用是比较合适的。之所以这样，主要原因是对于体育多媒体课件而言，自身具备较为丰富的功能，能够将声音、视频、动画、效果汇集在一起，能够更贴切地模拟自然，表现自然，或者是在实验条件的支持下，通过局部放大、旋转与重复等多种方式进行展现，从而有效地突破高校体育教学的重点与难点。基于模拟训练的目标而言，特别是初级训练更是比较适宜对多媒体形式进行应用。体育多媒体具有比较强大的模拟功能，能够有效地实施高校体育教学中的各种模拟技能训练。例如，对于一些进展比较困难的危险实验进行替代，高校体育教学过程中学生的实际操作，周期较长或者代价较高的实验，但是，需要注意的是，在选择高校体育教学内容的时候，应该选择那些不存在演示实验或者是演示实验不容易做的教学内容，并且进行使用。

3. 体育多媒体 CAI 课件的设计原则

（1）体育多媒体 CAI 课件设计的结构化分析原则。在体育多媒体 CAI 课件进行设计的过程中，应该对结构化分析原则进行遵循，而我们这里所说的结构化分析原则，主要是指设计体育多媒体课件的时候应用系统分析的方法，按照结构要素组成对事物进行依次的分解，等到对于所有的要素都能够清楚地进行理解与表达的时候，就能够停止事物的分析了。基于结构化分析原则下的体育多媒体 CAI 课件，能够将高校体育教学的内容进行更深层次并清楚地表达，不管是从系统宏观来讲，还是对于局部细节而言，所做的内容都是非常详尽的，因此，对于体育多媒体 CAI 课件中框架的展开与学科内容的设计都能够起到一定的促进作用。

（2）体育多媒体 CAI 课件设计的模块化设计原则。所谓的体育多媒体 CAI 课件设计的模块化分析原则，主要只是按照结构化分析的框架图指示，将相同或相近的部分设计成模块，使其相对独立，用模块图表示出单一功能模块的组成的结构，由此对课件系统及与之相应的功能结构进行确定，进而为结构化编程创造良好条件。诸多实践证明，体育多媒体 CAI 课件的模块化设计不仅减轻了繁杂的内容编程的负担。还可保证课件的风格统一、制作程序化。

（3）体育多媒体 CAI 课件设计的个别化教学原则。在对高校体育教学内容进行选择与组织的时候，应该做能够具有广泛的适应性，应该保证某一层次的所有学生都能够适用。同时，根据学生不同能力的差异，对相应的高校体育教学程序和对策进行设计。例如，学生能够对自己学习内容的深度和广度进行控制，并对自己的学习进度进行确定。

（4）体育多媒体 CAI 课件设计的反馈和激励原则。体育多媒体 CAI 课件应该对于每一个学生做出的反应都能够将与之相对应的信息不论时间及地方地进行反馈。在体育多媒体 CAI 课件中，要保证友好的交互界面，充分调动学生体育学习的积极性，使学生始终处在良好的学习状态中，同时，还要及时的、有效的强化高校体育教学的成果，使及时正向激励的作用得到有效的发挥。

（5）体育多媒体 CAI 课件设计的贯彻教学设计原则。对于体育多媒体 CAI 课件的设计而言，其理论与方法在将体育课堂教学呈现在内的同时，也存在体育多媒体 CAI 课件进行设计的方法与原则。在对高校体育教学的结构与内容进行设计的过程中，体育教师不能单纯地依靠传统的方法与经验对高校体育教学结构与内容进行设计，同时，还要适当地使用系统的技术和方法，进而对高校体育教学目标的设计与分析，以及高校体育教学的诊断工作进行实施。

4. 设计体育多媒体 CAI 课件的具体方法

体育教师在开始制作体育多媒体 CAI 课件之前，应该对课件设计工作的重要性进行明确。现阶段，有一些体育教师不能够把握住体育多媒体课件的精髓所在，只是一味地去追求最新的科学技术，一不小心就改变了体育多媒体课件的性质，使之成为多媒体效果的展示，这样是不够正确的。之所以出现这样的结果，主要是因为，没有对高校体育教学中体育多媒体课件的作用有清楚的认识，需要注意的是，在高校体育教学过程中，体育多媒体课件发挥的作用不是主要的，而只是辅助性的。在体育课堂教学开展的过程中，教师仍然发挥着主导作用。只要将体育多媒体 CAI 课件的设计工作做好，才能够制作出更多优秀的课件。所以，在设计体育多媒体 CAI 课件的过程中，可以考虑从以下几个方面进行考虑。

（1）从体育多媒体 CAI 课件的可教性考虑。对体育多媒体 CAI 课件进行制作的主要目的是使体育课堂教学的结构得到优化，使体育课堂教学的效率得到提升，在保证促进体育教师教的同时，还要促进学生的学。所以，在设计体育多媒体 CAI 课件之前，我们应当对其存在的教学价值进行优先考虑，也就是说，对于这堂课是不是有必要对体育多媒体 CAI 课件进行使用进行考虑。通常来讲，如果仅仅使用传统的高校体育教学方式就能够使良好的高校体育教学效果得以实现，那么花费大量的精力对体育多媒体 CAI 课件进行设计就没有必要。所以，在对体育多媒体 CAI 课件的内容进行制作以前，应该尽可能地对那些不存在演示实验，或者是演示实验不容易做的高校体育教学内容进行选择、应用。

（2）从体育多媒体 CAI 课件的易用性考虑。对于体育多媒体 CAI 课件而言，应该能够清楚地表达出高校体育教学的目标、高校体育教学的步骤与高校体育教学的具体操作方法，同时，有一点需要注意的是，即在同本机脱离的情况下，在其他的计算机环境中，体育多媒体 CAI 课件也能够运行成功，因此，需要对于几个方面具体的内容进行注意。

①体育多媒体 CAI 课件应该便于安装，且能够随意拷贝到其他硬盘上使用。首先，体育多媒体 CAI 课件应该保证启动比较快速，避免体育教师和学生焦急等待的情况出

现。其次，体育多媒体 CAI 课件应该尽可能占据较小的容量，需要注意的是，对于体育多媒体 CAI 课件越大越好的错误观念必须要更正，伴随网络技术的快速发展，体育多媒体 CAI 课件的运行在网络环境下最好。

②体育多媒体 CAI 课件应该具备友好的操作界面。对于体育多媒体 CAI 课件而言，其操作界面应该包含一些具有明确意义的按钮和图片，同时还要能够通过鼠标进行操作，对于一些特殊的情况的避免发展，例如，键盘操作复杂等。此外，应该合理设置体育多媒体 CAI 课件各个内容部分间的转移，保证方便地操作跳跃、向前与向后等步骤。

③体育多媒体 CAI 课件的运行要保证一定的稳定性。对于体育多媒体 CAI 课件而言，在其运行过程中应该保证一定稳定性的存在，如果体育教师在执行体育多媒体 CAI 课件时做出了错误操作，那么就十分容易产生退出的情况，也会出现计算机重新启动的情况。因此，在体育多媒体 CAI 课件具体的操作过程中，体育教师应该尽可能地减少死机的情况出现，甚至不出现，保证体育多媒体 CAI 课件运行过程中稳定性的存在。

④体育多媒体 CAI 课件要保证及时进行交互应答。在体育多媒体 CAI 课件运行过程中，应该保证及时地进行交互应答。而不能将体育多媒体 CAI 课件等同于电影。同时，体育教师应该高度重视学生的学习，使学生学习的过程是循序渐进的，为学生留出更多的思考余地。

（3）从体育多媒体 CAI 课件的艺术性进行考虑。对于一个体育多媒体 CAI 课件而言，它的演示在保证良好高校体育教学效果的同时，还应该是令人愉悦的，只有这样才能够将美的享受提供给体育教师与学生。如果上述的两项因素都能够保证，那么就表示这样的体育多媒体 CAI 课件存在着较强的艺术性特征，完美地融合了优秀的内容和优美的形式，值得我们注意的是，想要实现这两个目标一点也不容易。想要实现这些内容，体育教师不仅应该具备一定的美术基础，还要存在一定的审美情趣。所以，如果在这一方面存在过高的要求，就很难顺利实现。

体育多媒体 CAI 课件的艺术性特征主要的表现是：具有柔和色彩的操作界面，科学合理地进行搭配，画面应该同学生的视觉与心理产生共鸣；为了能够保证将更加逼真的图像呈现出来，可以考虑使用 3D 效果；对于画面的流畅性要做出保证，避免停顿、跳跃的现象出现，需要注意的是，体育多媒体 CAI 课件画面中最多只能存在两个运动对象；此外，不仅要存在优美的音色，还必须通过适宜的配音进行辅助。

5.体育多媒体课件创作工具的选择

在选择体育多媒体课件创作工作的问题上，如果能够恰当地选择体育多媒体课件的创作工具，那么就能够使得体育多媒体 CAI 课件的具体实施产生更加理想的效果。在本书的此章节内容的分析与研究中，作者主要从以下几个方面简单地分析比较典型的体育多媒体课件创作工具与开发工具。

（1）在体育多媒体课件的创作过程中，选择体育多媒体创作工具的基本原则。在体育多媒体课件创作的过程中，所选的创作多媒体工具，其主要用途是当用户编排、制作各种各样的节目能够起到一定的促进作用，多媒体的创作工具在向用户提供的过程中，通常是交互的设计环境与易懂、通俗的高级编程语言，如此一来能够为用户编制各种内容提供便利。如果在体育多媒体 CAI 课件设计过程中，恰当地选择多媒体创作工具，那么就能够保证体育多媒体 CAI 课件的效用得到最大限度地发挥。

①高效原则。在体育多媒体课件创作的过程中，将会对多媒体的开发、创作工具加以应用。对于多媒体开发、创作工具而言，存在的特点主要有：具有容易实现、具有丰富多样的效果、较高的媒体集成度、所看即所得，在体育多媒体课件备课问题与课件开发的开展方面，具有十分明显的效率优势，这一点传统"语言"系统是做不到的。

②易用原则。对于同一种知识而言，如果通过 1000 名教师进行教授，自然就会存在 1000 种不同的教学方式。而体育多媒体课件的实际操作具有简单、便捷、方便、容易使用等多项特征，如果想要体育教师真正地接受并使用他们，就需要体育多媒体课件的使用方法在较短的时间内被体育教师所掌握，即便这个体育教师对于程序设计一窍不通，甚至是对于计算机的操作也了解甚少。

③开放原则。在高校体育教学开展的过程中，可以使用的素材是富有变化的，因此，体育多媒体课件必须要拥有一个几乎所有多媒体格式都能兼容的体育多媒体课件创作开发平台，在能够提供或者应用各种各样高校体育教学素材的同时，还能够支持各种各样输入的设备格式。此外，还应该保证存在的所有素材都能够得到充分利用，自己的产品不管是在哪一台计算机中都能够适用。

④价廉原则。体育多媒体课件创作工具选择的价廉原则，是一种共同要求，在任何一个领域中都适用。当前"质优"是必要的前提。

（2）体育多媒体课件创作工具简介。

在体育多媒体教学课件创作的过程中，选择体育多媒体创作工具的时候必须要对其存在的功能进行了解。通常来讲，体育多媒体课件创作工具具备的功能有很多，例如，为体育多媒体的编程营造良好氛围；多媒体数据管理功能；超文本功能；超媒体功能；对于体育多媒体数据的输入和输出都能够有效的支持；连接各种各样应用的功能；友好的用户界面；制作、编排动作的功能。

在体育多媒体教学课件创作的过程中，如果体育多媒体的创作工具存在于不同的界面中，那么就会同样存在不同的创作特点与创作风格，同时，每一种都会存在其各自的不同优点与缺点。但是，如何对这些界面不同的创作工具进行选择，主要依据是个人的偏爱与需要完成的创作任务。例如，如果仅仅是对学术会议的报告与研究生答辩内容进行制作，那么就不需要通过更加复杂的编程软件来完成制作，只需要对幻灯创作工具进行选择、使用就可以了。但是，有一定需要进行说明的是，如果想要针对某一个领域中的教育教学软件进行制作，以便于更好地辅助个别教育训练的开展，或者是实际操作的练习中使用，那么就应该选择具有较强交互性的多媒体创作工具。对于几种比较常见的多媒体创作工作，作者进行了如下的分析。

①幻灯式多媒体创作工具。体育多媒体课件创作过程中的幻灯式多媒体创作工具，一般来讲是一种呈现以线性为主的体育多媒体创作工具。而此种创作

工具在应用中就是通过一系列的幻灯片的排列来对过程进行呈现，也就是按照顺序分离并展示屏幕。而此处所提及幻灯片，可以是简简单单的文字幻灯片，也可以是简单的图像幻灯片，还可以是由声音、图像、文字、视频或者动画等多种要素结合在一起的体育多媒体课件复杂组合，但是有一点需要强调，一般来讲，此种体育多媒体课件创作的幻灯式多媒体创作工具，在开始使用之前必须要存在一个预先设置完整的展示程序。对于体育多媒体课件创作的幻灯式多媒体创作工具而言，其某一些特殊存在能够将一定程度的交互提供出来，再按照一定顺序立体化呈现出体育多媒体教学课件界面中存在的键盘操作、鼠标操作与按钮操作，设计体育运动技术动作时，必须要借助动作按钮的功能，完成超级链接，此外，也可以打开一些外部的程序。幻灯式多媒体创作工具中比较典型的就是 Power Point，其显著特点就是简单、易学、易用。能够将一个创作展示的完整软件环境展示出来，不仅包含集成工具、格式化流程、绘画，还包含了其他的多种选项。此外，对其包含的许多模版，我们可以直接进行调用，但是，此多媒体创作工具也是存在缺点的，即只存在简单的交互，甚至是缺乏交互，并且存在的交互只是在幻灯的线性序列的点之间进行跳转。在学术报告、汇报与演示过程中对此种幻灯式多媒体创作工具使用较多。

②书页式多媒体创作工具。书页式多媒体创作工具的主要特点是，将相关的高校体育教学内容制作成一本书的形式，当然也存在"页"，并且这些页像书稿一样，也有一定的顺序存在。而上述的这一特征同体育多媒体课件创作的幻灯式多媒体创作工具是比较相近似的，但是，两者之间也肯定会存在一定的差别，即在页与页之间也能够有效支持更多的交互形式，给人一种身临其境，能够浏览真实书稿的感觉。书页式多媒体创作工具的典型是 Tool Book，此软件能够对应用程序进行想象，使之成为具有很多页的书籍，在它自己的窗口中可以对每一页的内容进行画面展示，里面有大量的交互信息与媒体对象包含其中。可以说，书页式多媒体创作工具与幻灯式多媒体创作工具相比，在结构方面，交互能够在一页内完成，显示出更加丰富的特点。对于 Tool Book 来讲，在一个独立存在窗口上，每一次只能显示出一个内容。因此，在应用程序中实现的智能只能是利用页面不同的现实才能够完成。此外，还能够在打开某一本书的某一页内容的时候，同时打开其他的书籍，所以，对于更加复杂化的一个层次结构的建立，可以进行充分地考虑，也就是所谓的书架式的应用程序。对于此种书架式的应用程度而言，其原理在于在书架上，将多种多样的事物当做一本书进行放置。

比较典型的创作工具就是 Tool Book，是由 Asymetrix 公司负责开发的。Tool Book 是水平较高的面向对象开发的一个软件，它能够将面向对象的一种程序设计语言 OPENSCRIPT 提供出来，两种相关的信息可以通过这种语言在一起链接，从而对于各种任务的完成起到一定的促进作用，例如，可以用于动画声音、计算数字、播放图像，等等。此种体育多媒体课件创作工具的特点，一般在其对应用程序的组织方面体现出来。此种创作工具具有较强的超级链接能力与超级文本能力。对于 Tool Book 而言，如果按照使用的角度对其进行划分，就能够分成两个主要层次，分别为 Tool Book 的作者层次与读者层次。从读者层面上而言，用户能够执行对书的各种操作，同时，阅览它的内容；从作者层面上来讲，设计者能够使用命令来实现对新书的编写；在修改对象或者程序中各个页次对象等的时候可以对调色板与工具箱进行利用。

③时基模式创作工具。我国这里所说的时基模式创作工具，一种常见的多媒体编辑系统，主要将时间作为基础，通过此种编辑创作工具制做出的内容近似于卡通片或者电影。时基模式创作工具通常是利用看得见的时间轴来对显示对象上演的时间段与事件的顺序进行确定。在这样时间关系存在的情况下，它的出现形式可以是许多的频道，从而能够使多种对象得到安排，同时呈现出来。通常在这样的系统中会有一个控制面板的存在，主要是为了对播放进行控制，一般来讲就像是常见的录音机与录放像机，主要包含了演出、快进、倒带、前进一步、后退一步、停止等按钮。

④网络模式创作工具。对于网络模式创作工具而言，它可以允许的程序组成一个自由形式的结构，即可以任何一个地方到另外的任何一个地方。同时，它存在着不固定的结构与呈现顺序。在利用网络模式创作工具进行创作的过程中，仍旧需要作者建立自己的结构，也就是说作者需要尽可能多地完成工作。但是，在所有模式的多媒体创作工具中，此种创作工具是一个存在多种层次的，比较适宜建立的应用程度。比较典型的软件是"MEDIA Script"，能够从应用程序空间的任何一个对象使用户随意地跳转向其他的任何对象，访问是完全随机的。网络模式的实现可以对任何一种程序语言进行利用，然而，它存在较高的计算机方面的要求，首先需要作者至少是一名程序员。

⑤传统程序语言为基础的多媒体创作工具。对于程序员来讲，在编程方面比较擅长，通常对于多媒体编辑创作系统的限制及依赖工具箱产生对象的方式很难接受，所以，想要他们对多媒体创作系统进行应用，完全地丢弃到他们所熟悉的语言创作工具是非常困难的，几乎不可能实现。在这样的情况下，不仅适当地保留传统语言的特征，还要对于设计程序过程中所涉及的环境进行改进，使之能够像可视化操作的一个系统转变。如果这样的话，就能在程序编写的过程中，使程序员在充分利用传统语言的同时，还能够对多媒体开发的工具箱进行应用，并且还能够直接使用工具箱内的这些编码，使之变成能够得到重用的编码。可以预见，此种多媒体创作工具存在的应用前景是相当广泛的。

四、基于 WEB 的体育多媒体网络课件的教学设计

（一）体育多媒体网络课件设计特点

基于 Web 的体育多媒体网络课件的设计，主要针对高校体育教学过程中学生的中心地位进行了强调。在主动获取知识的环境下，教师和学生的地位、作用和传统教学方式已发生了很大的变化，相应的教学设计理论与传统教学相比也出现了差异之处。因此，就需要以学生为中心、强调教师与学生充分交互这一原则对体育多媒体网络课件进行设计，保证能够将对网络教学特点进行体现的软件被设计出来。

1. 对于"以学生为中心"的思想进行强调

在体育多媒体网络学习的过程中，应该使学生自身的主体性作用得到有效地发展，将高校体育教学课内与课外相结合、自觉参与体育锻炼活动的精神得到展示。应该保证学生能够在自身联系反馈信息的支持下，形成高校体育教学理论与方法的独到见解。

2. 对于情境在获取知识中的重要性进行强调，对于高校体育

教学信息的接受与传递不等同于知识建构的问题进行强调在体育课程教学构建的实际情境中，能够开展一系列的学习相关活动，能够促进现有认知结构中的一些相关经验能够被学习者有效地利用，使他们对于现阶段所学的体育课程教学的新知识可以更好地固化、索引。进而将某种特殊的意义赋予到新的高校体育教学知识中。因此，在对体育学习情境进行构造的过程中，必须要强调知识点与知识点间的结构关系，注意不能只是简单地罗列高校体育教学内容。

3. 对于获取知识方面，进行强调协作学习发挥的重要作用

在体育多媒体网络课件进行设计的过程中，对于学习者与周围环境之间存在的交互作用，还有网络环境能够强化协作学习环境的作用能够得到充分地、有效地发挥，这对于学习者充分理解高校体育教学内容有着非常重要的作用。

4. 对于学习环境的设计进行强调

我们这里所说的学习环境，通常指的是学习者能够自由地进行学习与探索的场所。在学习环境中，学生为了能够使自身的学习目标得到顺利实现，需要充分地利用各种信息资源与工具。基于 Web 的体育多媒体网络课件的设计，从以学生为中心思想的指引下，并不是从高校体育教学环境进行设计，而是针对学习环境展开一系列的设计。这样做的缘由是，更多的控制与支配产生于教学过程中，而更多的主动与自由则是会产生于学习过程中。

5. 对于学习过程中各种各样信息资源的有效利用进行强调

在体育多媒体网络学习开展的过程中，为了能够有效促进学习者对知识的主动获取与探索，需要将更多有效的各类信息资源提供给学习者，与此同时，对于学生自主

学习活动与协作式探索的顺利开展得到促进，对于这些媒体与资源应该要科学合理的利用。因此，在选择、设计同传统课件设计相关教学媒体的问题上，需要应用全新的、有效的处理方式。例如，充分考虑到如何获得信息资源、获取信息资源的途径有哪些、怎样有效利用信息资源等多项问题。

（二）高校体育教学内容选择与组织

只有对高校体育教学内容精心选择和组织，才能够使 Web 的优势得到充分利用。具体的做法主要包含以下几个方面的内容：

1. 教学内容的多媒体化

在高校体育教学开展的过程汇总，不仅可以对文字和图片进行使用，还可以利用声音、动画和视频。如果高校体育教学内容具体多元化的形式，那么也要综合地设计高校体育教学内容的形式，对于文字形式、图片形式、声音形式、视频形式与动画形式等多种高校体育教学手段综合利用，详实地讲解体育运动技术动作的要点、方法、难点、练习方法、容易犯的错误、纠正错误的方法等多个方面的问题。

2. 补充体育课程教学相关内容与链接

在体育课程教学开展的过程中，在教学的各个知识点中不仅能够将体育课程教学大纲要求的内容引入其中，还可以融入大量的相关信息与知识。例如，在《篮球》中，不仅仅包含体育课程教学大纲中规定的一些技术教学内容与战术教学内容，同时，对于篮球运动的所有技战术进行了扩展，同时，还补充了篮球运动技战术实战应用的内容。在完成体育课程教学大纲要求内容的同时，使爱好篮球运动的学生能够给对于国内外先进的篮球运动技战术、教学与训练相关网络站点进行了解学习。此外，还能够对网络连接的特点进行利用。

3. 高校体育教学内容动态更新

在体育课程网络教学开展的过程中，学生体育学习教材由体育教师负责编写的传统方式已经不再适用了。之所以这样，主要是因为在体育课程网络教学中，对于高校体育教学课件的相关内容，学习者可以自由地进行浏览，同时，还能够通过网上教师答疑解惑与课程互动讨论等教学手段对高校体育教学内容进行讨论，同时，还可以将一定的修订意见进行提供，促进高校体育教学互动过程中教师与学生对教材进行共同编撰可行性的实现。经过了体育相关教材的共同撰写以后，对于自身的问题与意见，学生能够进行充分地表达，从而使体育课程网络教学过程中学生的参与感得到大大提高。

（三）体育多媒体网络课件的结构设计

在设计体育多媒体网络课件结构的时候，需要考虑的因素有：高校体育教学的目标、高校体育教学的内容、交互方式的性质。体育多媒体网络课件结构主要建立在高校体育教学内容的基础结构上面，它可以保证体育多媒体网络课件的相关教学功能与大致框架得到充分地反映。

对于体育多媒体网络课件而言，其总体结构主要由两个部分内容构成，分别是高校体育教学的内容、网络交互。高校体育教学的组成内容，不仅包含体育课程教学大纲要求的全部内容，还包含一些扩充性的知识。在高校体育教学网络手段应用的前提下。大量同体育课程教学核心内容相关的补充性知识在体育课程教学内容中能够有效融合，进而促进高校体育教学资源的一个特定环境得到营造，对于那些存在不同兴趣、爱好的学生而言，能够保证他们的个性化学习活动给予适当的支持。在大量扩充性知识得到引入的情况下，极大地丰富了体育多媒体网络课件的内容。对于体育多媒体网络课件而言，其主要内容包含了体育理论课的教学内容与体育实践课的教学内容。

对于体育多媒体网络课件而言，其主要内容包含了多项内容，例如，相关课程的介绍、课程讲解的要点内容、教师答疑解惑、课程讨论、作业处理与课程公告，等等。其中，相关课程的介绍主要有对学习总体目标的介绍、考核的办法、学习方法、学习进度与课时安排等的介绍；课程讲解的要点内容主要有每一个项目的教学任务、技术动作的要点、技术动作的难点、练习方法、容易犯的错误与纠正的方法，等等。

（四）撰写脚本与设计素材

多媒体手段的引入使得高校体育教学内容的形式得到多元化的发展，在体育网络课件撰写中需要对素材的撰写和设计进行考虑，我们这里所说的素材，主要包含文字、图形图片、声音、动画和视频，等等，对于这些不同类素材之间的连接关系也要进行考虑。

1. 文字脚本的撰写

通常对 Word 软件进行利用，来实现文字脚本的撰写，在内容的问题上，不仅仅要对高校体育教学的知识点进行考虑，还要利用文字清晰地表达出教师的讲解，另外还要在引入图形图片、动画及视频的文字处及超文本链接处做出标记，以便于后期的制作者使用，所以，在字数上，文字脚本是传统教材的 2~5 倍。

2. 声音脚本的撰写

在网络条件的制约下，如果在高校体育教学网络课件中对于大量的声音文件进行应用，很有可能会降低了其最终的运行速度，所以，声音文件的使用只能在特别需要的地方才可以，例如，对动画的解说、对视频的解说，等等。同时，在对这一种类别的声音脚本进行撰写的时候，首先要进行考虑的是目标动画与目标视频，同时，按照动画的解说与视频的解说，对时间与内容开展配音，需要注意的是，应该保证配音脚本的精炼化，同时，将动画与解说的过程、配音的过程紧密地联系在一起。

3. 关于图形图片的设计

我们常说的图片，就是指利用拍照技术而生成的图片。当体育教师向学生讲解高校体育教学内容的时候，可能需要使用到大量的图片。我们常说的图形，就是指利用计算机的相关软件而绘制出来的示意图，例如，篮球运动技术、战术配合的相关线路，等等。在对图片进行拍摄以前，体育教师应该针对每一个技术动作按照文字讲解的实际需要进一步设计照片拍摄的地点与数量。通过计算机相关软件绘制出的示意图，不仅要对相关的内容进行表现，还要对图形的种类进行确定，可以是二维图形的绘制，也可以是三维图形的绘制。从原则上讲，为了能够使基于 Web 的体育多媒体网络课件的制作成本适当地降低，尽量对二维图形进行使用，而放弃对三维图形的使用。

4. 关于动画的设计

我国这里所说的动作，主要是指动态的图形或图片。在基于 Web 的体育多媒体网络课件中，动作的使用只是为了表达原理性的一些内容，例如，体育教师在讲解球类运动的战术配合问题的时候，就需要应用到二维动画。在对相关动画进行设计的时候，首先需要进行设计的就是最原始的静态图形，然后需要通过文字与图示对初始动态图形的每一个变化过程进行说明，同时，还要以文字撰写的形式编写相应的解说文字。对于动画脚本而言，其主要构成有：每一步动作的图形、说明性的文字与线条、图片中的文字提示、解说的文字等。一般来讲，一套规范的制作表必须要通过制作人员和脚本撰写人员一起来进行商讨、确定，这对于撰写脚本与双方交流活动的开展能够起到一定的促进作用。

5. 关于视频的设计

在基于 Web 的体育多媒体网络课件设计过程中，视频的拍摄类似于图片的拍摄。通常来讲，视频的拍摄和图片的拍摄在步骤上是一致的。同时，如果拍摄过程中使用的是数字摄像机，那么图片拍摄与视频拍摄事实上就是处在同一个过程中。

6. 关于功能的设计

对于基于 Web 的体育多媒体网络课件而言，其功能的设计内容主要有：对于课件界面的层次选择、导航模式设计、按钮的选择、功能按钮的确定、课程内容展示方式的确定、不同类型素材的连接方法确定、课件内容文件结构的确立等等。功能设计的目的主要是最大限度地使用多媒体网络手段，以便于能够使特定内容对教学活动的辅助起到一定的促进作用。在基于 Web 的体育多媒体网络课件中，按照总体结构的相关要求，通常通过三级结构对界面进行设计，分别是：主要界面（也就是网络课件的主页面）、选择内容的界面、讲解内容的界面。

在基于 Web 的体育多媒体网络课件的主要界面中，通常存在两组可以选择内容的按钮，分别是：高校体育教学内容组按钮、网络交互组按钮。为了可以适当地减少页面切换的数量，从而提升基于 Web 的体育多媒体网络课件的运行速度。因此在选择内容的界面，在设置每一节内容选择按钮的同时，还要设置每一章节的切换按钮。针对某一个高校体育教学内容，综合利用各种各样形式的高校体育教学手段，可以采用的高校体育教学手段有：文字介绍、动画讲解、图像图片、录像片段等。不仅如此，基于 Web 的体育多媒体网络课件还可以设置其他超文本链接形式的按钮，例如，欣赏，友情地链接到其他的网站。在基于 Web 的体育多媒体网络课件中，其界面存在的各式各样的按钮体现了充分考虑学生各种需求。此外，还可以科学合理地增加按钮的趣味性与动态效果。

基于 Web 的体育多媒体网络课件作用的主要表现是，使实践课中理论讲授时间短且不系统的问题得到较好地解决，可在网上将体育课的教学内容完整系统地进行讲授，供不同需求的学生在网上进行个性化学习；可以利用多媒体的手段对体育运动技术动作要领进行形象生动地讲解，保证统一的、规范的动作，可以便于学生重复多次地进行观摩与学习，从而保证基于 Web 的体育多媒体网络课件对于课外体育锻炼能够起到很好地辅助作用；对于网络上能够提供的条件应该充分地利用，对于相关的问题，体育教师应该指导学生进行谈论，并且为其答疑解惑，等等。

基于 Web 的体育多媒体网络课件，其应用与发展在对高校体育教学手段与高校体育教学方法进行改革与创新的同时，还会在一定程度上影响到体育教育理论的发展与高校体育教学模式的发展。在未来，未来多媒体课件中的一种重要形式就是基于 Web 的体育多媒体网络课件，同时它也将成为网络教学发展的重要资源基础之一。

第二节　高校体育教学中微课的应用

一、微课的概念

（一）微课概念

所谓的微课，主要是指以视频的方式把教师在课堂内外教学活动开展过程中传授的教学环节或者强调的主要知识难点与重点进行展示的新型的一种教学资源。微课具有一些比较显著的特点，即碎片化；突出重点；具备的交互性比较强；能够反复多次使用。微课作为一种全新的教学模式，能够使学生的碎片化学习活动随时随地地展开。

（二）微课的组成

对于微课而言，其组成内容的核心就是示例片段，也就是课堂教学视频。不仅如此，也有同某个教学主题相对应的辅助性教学资源，例如，素材课件、教学设计、练习测试、教师点评、教学反思和学生反馈等等。在一定的呈现方式和组织关系下，它们共同营造了资源单元应用的"小环境"，而这里所说的资源单元具有的显著特征是主题式的半结构化单元资源，因此，微课同传统单一资源类型的教学资源之间是有一定的差异存在的，主要表现在教学设计、教学课例、教学课件与教学反思等方面，同时，微课与上述的这些教学资源之间存在一定的联系，即微课作为一种新型的教学资源，其发展基础就是上述的这些教学资源。

（三）微课的特点

1.碎片化

微课视频具有 10min 左右时长，将课程教学过程通过清晰的视频录制的方式进行呈现，一堂传统课堂教学的时间是 45 分钟，而原有的段状课程在微课的作用下，逐渐向点状课程转变，促进了更加精华、细致课程内容的出现，因此，学生除了课堂的教学的时间以外，还可以利用课外的其他的零散时间，例如，当学生排队等待就餐的时候，可以利用这一小段时间进行学习，所以，微课的显著特点之一就是碎片化。

2.突出重点

基于学生的学习特点，在微课显著碎片化特点的影响下，对于教师的教学能力，微课也提出了更高的要求。在微课视频的 10 分钟展示时间内，要求教师将严谨的逻辑性进行体现的同时，还要将课程内容的重点与亮点凸显出来，真正地抓住学生的学习重点所在，才能够使学生的学习兴趣得到更好地激发。

3.较强的师生交互性

微课作为一种新颖的课堂形式，它的出现在满足学生知识渴求与猎奇心理的同时，还能够有效改善传统教学模式中教学内容单方面输出的情况。在微课教学开展的过程中，教师与学生之间的互动得到加强，不仅能够及时发现学生学习课程的兴趣点，同时，对于学生存在的疑问，教师也能够及时进行回答。这无疑会为教师课程后期的设计提供便利条件，使其能够同现阶段学生的知识需求得到一定的满足，进一步提升课程的教学效果。

4.能够反复多次使用的教学资源

在微课的模式下，学生能够按照自身的实际需要，对体育学习活动随时随地地展开，例如，在课程开始之前，学生可以通过微课来预习运动技能、巩固难点和重点、练习课后的动作，等等，上述的这些微课学习途径，在进一步提升教学效果的问题上都能够发挥出有效的促进作用，此外，对微课教学模式的使用，还可以使学生课程学习的积极性得到增强。

二、微课在高校体育教学中的应用

由于微课存在碎片化、突出重点、较强的师生交互性与可重复利用教学资源的特征存在，从体育微课的基本设计原则出发，开发质量较高的体育微课，进一步地改善当前高校体育教学的现状，使学生体育运动项目学习的兴趣得到提高，对于体育方法微课的应用要始终去探索，一般来讲，在高校体育教学中，主要会在以下几个方面将高校体育教学中微课的应用体现出来。

（一）微课应用在学生体育需求调研中

鉴于高校体育教学传统模式中同高校体育教学内容之间存在的关联性，在高校体育教学实践活动正式开始前，体育教师应该按照课程逻辑将高校体育教学内容中的难点与重点提取出来，同时，还应该同现阶段体育栏目与体育热点新闻相结合，对体育微课进行制作，之后再将已经制作完毕的体育微课利用移动互联网的各种渠道实施学校范围内的广泛传播，通过对微课中学生的点击率与同帖评论内容的考查，体育教师能够有效地评定体育课程内容的合理性，保证体育教师更加深入地了解到学生兴趣与期待，此外。在前期对体育微课进行传播，能够有效地使学生体育学习的积极性得到调动，使学生更加期待即将要学习的新学习内容，使学生的被动学习行为转变向主动学习行为，进而提升学生的体育参与度。

（二）微课应用在体育课程设计中

对于体育微课而言，它不仅弥补了传统的高校体育教学模式，还是多媒体时代下高校体育教学发展的必然结果。微课的逐渐出现使得原本的体育课程设计得到了重新定义，因此，就需要保证体育课程有理有据，有血有肉。在高校体育教学开展的后期阶段，将以往室内体育理论课与室外实践课分开开展的体育课程设计进行改变，将两者进行融合，同时，对于多媒体时代大数据的时代特征进行考虑，在设计室内理论课的时候，可以以教师和学生的信息数据交流为主，使他们的头脑风暴在体育课程中得到掀起，呈现出更加公平、更加自由的体育课程，此外，在这样的形式下，体育教师的教学思维能够得到更进一步地更新，使学生学习体育的热情得到提升。

（三）微课应用在体育课程教学中

一方面，基于体育时事热点与体育课程的新内容等方面，体育教师能够对新颖的体育新课进行设计，并向微课导入，在体育课堂教学开展的过程中，组织学生集体观看，主要的目的在于吸引学生的注意力，激发他们的体育学习兴趣；另一方面，在高校体育教学实践活动开展的过程中，体育教师可以将复杂动作的教学制作成微课，同时，在体育课堂教学过程中，重复地向学生播放，将更加具体、更加直观、更加生动、更加形象地从高校体育教学过程呈现出来。

体育教师可以根据新课内容和时事体育热点等方面设计新颖的新课导入微课，在课上给学生观看，目的是使学生的注意力得到吸引，使学生的学习兴趣得到激发，另一方面，对于高校体育教学中复杂的教学动作，教师可将其制作成微课，在上课过程中对学生进行重复播放，使高校体育教学过程教学更生动、更直观、更形象、更具体。

（四）微课应用在体育课后辅导中

对于高校体育教学而言，每一节体育课堂教学的时间是 45 分钟，有限的高校体育教学时间，使教师能够面面俱到地讲授内容，想要实现精细化教学几乎是不可能的，所以，一部分学生不能与教学节奏同步或者是学生不能对其所学运动技能充分掌握的情况必定会出现，所以，当体育课堂教学结束以后，教师可以将包含有高校体育教学重点的微课视频向学生发放，以便于学生能够在课堂结束以后，对于已经学习的技术动作进行练习，对课堂上所学内容进行复习，切实保证举一反三，提升学生的学习效果。

（五）微课应用在体育课程分享中

从本质上来讲，分享就是学习，学生们喜欢在朋友圈中分享一些好的视频课程，对身边的朋友、学生进行感染，使学生的学习圈子得到扩大。因此，我们应该对于一种倡导分享精神的学习共同体进行构建，这样能够保证学习共同体成员间能够互相督促，对有用的体育学习信息进行分享。例如，将微课应用在体育舞蹈教学过程中，在校园内学生可以对已经学习到的且比较感兴趣的体育舞蹈课进行分享，使越来越多热爱体育舞蹈的学生能够及时地对学习资源进行获取、分享，同时，学生还可以对校园内其他兴趣一致的学生进行自发组织，安排大家一起对体育舞蹈微课进行学习，保证体育舞蹈社团的更进一步发展得到促进，通过对社团活动的有效组织，例如"快闪"等，使学生的课外生活得到丰富。

第三节　高校体育教学中慕课的应用

一、慕课的概念

（一）授课形式

慕课不是搜课，而是一种将在世界各地分布的学习者与授课者通过某一个共同的主体或者话题而联系在一起的学习方式方法。

几乎所有慕课的授课形式都是每一周话题研讨的方式，并且只会将一种大体的时间表提供给授课者与学习者，但是一般来讲，慕课课程都不会对学习者存在特殊的要求，一般会进行说明的内容比较简单，例如，阅读建议、每一周进行一次的问题研讨、每一周进行一次的问题研讨等等。

（二）主要特点

1.规模比较大

所谓的规模比较大特点，指的是网络开放的大规模课程，而不是以个人名义对一两门课程进行发布。我们这里所说的网络开放的大规模，通常是指那些参与者发布出来的课程，这些课程一般会被人们称作是大规模的课程或者是大型的课程，慕课的典型形式就是这些课程。

2.开放的课程

所谓的开放的课程，一般会对创用（CC）协议严格遵守；可以说，开放的课程，就能够被称为慕课。

3.网络课程

网络课程的相关材料通常在互联网上发布，而不是面对面的课程。此种课程的显著特征就是没有上课地点的特殊要求。例如，如果你想对美国大学的一流课程进行享受，那么不管你处在什么地方，不需要花费太多的金钱，只要有网络连接与电脑的存在就能够实现。在一篇评论文章中，斯坦福大学校长约翰·L·汉尼希（JohnL.Hennessy）曾经表达过这样的观点，即由学界大师进行授课的小班学习课程存在的水平依然很高，但是，经过证实，网络课程也是一种能够获得高校成果的学习方式。如果相比于大课的话，结果仍旧是一样的。"

二、慕课在高校体育教学中的应用

（一）高校体育教学中慕课的应用价值分析

自慕课引入我国以来，已经过了很长的一段时间，同时对于此种新式的教学方法许多的学校都开始进行尝试，然而，慕课在高校体育教学方面应用得非常少。实际上，慕课的教学方式在高校体育教学方面也是非常适用的。

随着社会网络的日渐发达，人们每一天都会上网，不管是对网页进行浏览，还是刷微博，我们都必须要承认的是网络在现代人们生活中承担的责任越来越重要，而对于慕课而言，就是对于此种现状进行利用，在学习开展的过程中充分利用网络条件。除此之外，作为一种学习方式，慕课还具备一定的主动性特征，任何人的监督与强迫都不会对其发生作用，按照自己的个人兴趣爱好，使用者可以选择、学习自己喜欢的运动。同时，慕课所拥有的资源范围是非常广泛的，在高校体育教学开展过程中对慕课进行应用，教师和学生还可以实现对国外高校体育教学资源的分享与使用。

现阶段，学校体育课的开展形式主要是体育教师授课，学生接受学习，即高校体育教学课堂教学中，教师首先进行讲解、示范，之后学生再进行练习。然而，我国大多数高校、高中体育课的开展时间一般是45分钟，当体育课的准备活动做完以后，由体育教师进行体育技术动作的讲解与示范，但是，一堂体育课的时间已经耗费很多，学生们的练习活动无法在剩下的时间展开。然而，对于这个问题，慕课就能够很好地进行解决。

当体育课堂教学结束以后，学生在课后就能够自行复习。在体育微课视频中包含真人操作与讲解，能够帮助学生对于白天体育课堂学习的动作进行复习与记忆。尽管高校体育教学时间长达一个半小时左右，学生能够拥有足够的时间去学习、练习体育运动技术，但是，他们只能对每门体育课修习一次，因为基本上每一个学期所要学习的内容都是相同的，但是学生上会存在差异，不利于一部分学生深入学习、练习的开展。

在高校体育教学中应用慕课的教学方式，不仅能够保证学生深入学习活动的开展，还有利于学生自己掌握学习进度。同时，由于慕课中存在的学习资源是非常丰富的，有利于学生寻找到适宜自己的运动方式。例如，对于一部分学生而言，可能剧烈的运动不适合他们，所以，他们能够在慕课中对比较适合自己的运动进行寻找，如此一来，不仅能够避免损伤自己身体的情况发生，还能够使体育锻炼的目的顺利实现。

实际上，如今许多家长也比较重视学生的体育锻炼问题，为了保证孩子的健康成长，家长总是喜欢带着孩子从事散步、晨练等体育锻炼活动。然而，这些体育活动的效果能够真正实现吗？大多数的时候，人们通常会认为，只要自己去参加体育锻炼了，那么就会有益自己的健康发展，然而，需要注意的是，如果人们不能应用健康的方式开展体育锻炼的话，那么不仅在浪费了体育锻炼时间的同时，还会在一定程度上造成身体伤害。如果在高校体育教学中应用慕课的方式，那么在体育运动锻炼的过程中，参考标准的动作，去完成体育锻炼，在这样的情况下，就像是一个专业的私人教练陪在自己身边，并对体育锻炼活动进行正确的指导。

（二）慕课应用在高校体育教学中的未来发展

慕课的教学方式来源于国外，在我国的高校才刚刚开始起步，而且有一些内容对于我国高校而言是不适用的，必须要进行一定时间的磨合才能够同我国的教学理念相适应。基于这样的形式，我国大部分高校应该按照自己学校的特点自行录制慕课视频。同时，在录制慕课视频的时候，可以是多个学校的教师共同参与录制、讨论，然后在对多个优秀的视频进行选择，并且上传到网上，方面学生们进行观看、下载、学习。由于不同的教师在讲课的风格与方式上也会存在不同，而教师们录制的慕课中包含多个教师的教学课程，那么学生就能够对最适合自己的教师进行选择。此外，这样的方面对于大课参与人数多的情况能够进行避免，还能够有效改善学生听课效果不佳的情况。将慕课应用在高校体育教学中，能够使小班教学的目的得以实现。同时，同一学科由多个教师进行录制，能够使比较与竞争更加容易形成，能够帮助学生对于自己的教学缺点更加仔细地观察，使高校体育教学质量得到提高。因为慕课在高校体育教学中的应用主要以网上教学为主，所谓的监督制度是不存在的，因此，要求学生的自主学习能力是比较强的。在高校体育教学考核的问题上，计算机考核的方式可以不再使用，体育教师组织学生开展网络学习以后，再安排传统方式的考试即可。只有这样才能够使学生作弊的情况得到有效避免。此外，还能够对学生通过慕课学习的效果得以检测。需要注意的是，应用慕课这一教学模式，教师与学生都应摆正认识。

对于慕课教学而言，并没有对教师完全地解放，例如，在高校体育教学开展的过程中，通过慕课教程开展教学的方式是可取的，然而，如果学生出现一些疑问，也只能是对同一个视频进行观看。因此。教师与学生之间的定期交流应该存在，如此一来，不仅能够使教师和学生之间的感情得到增进，还能够对学生的学习产生一定的帮助。尽管我国对于慕课的应用还处于刚刚开始发展阶段，然而，在现代网络发展的背景下，慕课的发展是一种必然趋势。将慕课应用在高校体育教学中，能够给教师未来教学的开展带来一定的启示，需要注意的是，在使用慕课方式开展高校体育教学的时候，还应该同国内的高校体育教学情况相结合。

例如，在篮球运动课堂教学开展的过程中，不仅仅要对手指上的动作进行教学，还要对脚上的动作进行教学，更重要的是还要将两者的教学活动紧密地联系在一起。因此，在制作相关慕课的时候，不仅要将这些动作进行分解，还要有一个规范的整体动作，以便于学生学习活动的开展。查阅相关的文献资料可知，尽管国内已经引入慕课的教学方式，但是慕课在高校体育教学中的应用还不广泛，如果想要对一个体育慕课的完整体系进行构建，那么就需要具备相关的慕课教程。一般来讲，由国外引入的教学资源通常都是外语，存在大量的体育专业名词，导致学生在理解上容易出现困难，面对这样的情况，在制作慕课的时候，可以聘请我国国内优秀的体育教师结合具体的教学情况进行制作。此外，针对制作慕课的情况，还要对一定的标准进行设定，如果慕课没有达到标准，那么就不能够被使用，这对于慕课的进步与发展是非常重要的。

第四节　高校体育教学中翻转课堂的应用

一、翻转课堂的概念

（一）含义

所谓的翻转课堂，词汇来源是英文词汇"Inverted Classroom"或"Flipped Classroom"，

通常是指重新地调整教学课堂内外的时间，从本质上来讲，就是学习的决定权不再属于教师，而是由学生掌握学习的主动权。在翻转课堂教学模式的应用过程中，学生能够在课堂中有限的时间内更专注地开展学习活动，对于全球化的挑战、本地化的挑战、现实世界中存在的问题，教师与学生一起研究、解决，使得获得理解的层次更

加深入。

在课堂教学开展的过程中，教师不会再耗费大部分的课堂时间去讲授信息，但是在课堂教学结束以后，学生需要自主地完成这些信息的学习，他们可以利用的方法有：听播客、看视频讲座、对功能强大的电子书进行阅读，或者是通过网络同其他同学互相讨论，综上所述，翻转课堂教学模式应用过程中，不管什么时候，学生都能够对自己所需的材料进行查阅。

此外，教师同每一个学生进行交流的时间也得到了增多。当课堂教学结束以后，学生就能够自主地对学习节奏、学习内容、

学习风格与知识呈现的方式进行规划，同时学生的知识需要少不了教师对讲授法与协作法的使用才能够得到满足，使学生实现个性化的学习，最终的目的是通过实践活动保证学生学习活动的真实性。

（二）主要特点

在很多年以前，人们就对视频教学的方式进行过研究、探索。最直接的证据是：世界上大部分国家在 20 世纪 50 年代的时候就开展广播电视教育。为什么传统教学模式没有受到当年所做探索的任何影响，而翻转课堂教学模式却被人们广泛关注呢？作者认为是由于"翻转课堂"具有几个明显特点所导致的，对于翻转课堂的特点，作者进行了如下的分析：

1.教学视频的短小精悍

不管是亚伦·萨姆斯与乔纳森·伯尔曼的化学学科教学视频，还是萨尔曼·汗的数学辅导视频，很明显存在一个显著的共同点，即教学视频的短小精悍。即便是较长一点的视频也只有十几分钟的时间，而大部分的视频通常只有几分钟的时间。同时，每一个视频存在的针对性都是比较强的，如果能够对某一个特定问题进行针对，那么也就会比较方便进行查找；应该尽量在学生注意力比较集中的时间范围内控制视频的时间长度，同学生的身心发展特征相适应；在网络上发布的视频存在回放功能、暂停功能等，能够自己进行控制，使学生的自主学习能够得以顺利实现。

2.教学信息的明确清晰

在萨尔曼·汗的教学视频中存在一个比较明显的特征，即唯一能够在视频中看到的就是他的手，将一些数学的符号不断地进行书写，并且将整个屏幕慢慢地填满，同时，在书写的同时，还有画外音的配合。对此，萨尔曼·汗自己的观点是，在这样的方式中，同自己站在讲台上讲课是不一样的，这样的方式就像将我们聚集在同一张桌子前面，一起学习，在一张纸上写下内容使人感觉贴心。这也是同传统的教学录像相比，翻转课堂教学视频的不同之处。如果在视频中出现了教室中的各种摆设物品，或者是教师的头像，那么就非常容易分散学生的注意力，特别是当学生处于自主学习状态的时候。

3. 重新建构学习流程

学生的学习过程一般会有两个组成阶段，即第一阶段，传递信息。其实现需要教师与学生之间的互动、学生与学生之间的互动；第二阶段，内化吸收。需要学生在课堂教学结束以后自己完成。在学生自己完成的过程中，因为缺少教师的支持与同学的帮助，因此，学生在内化吸收的阶段经常会出现挫败感，使他们丧失掉学习的动机与成就感。

"翻转课堂"的教学模式使学生的学习过程得到重新建构。第一阶段传递信息，是在课堂教学开始之前由学生完成的，而教师在对视频进行提供的同时，也对在线的辅导进行提供；此外，第二阶段内外吸收，是在课堂教学开展的过程中，由互动而实现的，对于学生存在的学习困惑与困难，教师应该提前进行了解，同时在课堂教学开展过程中对学生进行有效的指导，而学生与学生之间的互相交流活动，对于学生内化吸收知识的整个过程，还能够起到一定的促进作用。

4. 复习检测的快捷方便

当学生观看完教学视频以后，就会看到视频结尾处出现的几个小问题，通常是四个或五个，能够帮助学生及时检验自己教学内容的学习情况，同时，根据自身的学习情况做出合适的判断。如果对于这几个问题，学生的答案不是很理想，那么学生就应该回放一遍教学视频，对于出现问题的原因仔细思考。同时，通过云平台，将学生回答问题的实际情况及时地进行汇总、分析、处理，使教师对学生学习情况的了解更加客观、全面。教学视频的另一个明显优势，就是能够在经过一段时间的学习以后，方便学生对学习到的知识进行复习与巩固。伴随评价技术的不断发展跟进，使得学生学习的相关环节具有足够的实证性资料支撑，这对教师真正意义上地了解学生是非常有帮助的。

二、体育翻转课堂的实施策略

（一）做好在线虚拟教学平台的建设

在线虚拟教学平台搭建的主要目的在于为翻转课堂的实施创造前提和基础，这一平台主要包括教学内容上传模块、师生交流与答疑模块、在线测试与评价模块、学习跟踪与监控模块以及学习总结与成果展示模块等。体育教师通过这一平台，就可以将与高校体育教学相关的微视频、PPT、各种音频等教学材料向在线虚拟教学平台上传，还可以借助这一平台实现作业发布、在线测验、监控督促、在线交流、在线评价等；学生则可以通过这一平台进行学习材料下载或在线学习，并同体育教师之间实现及时的交流与沟通。

（二）注重评价机制的创新

翻转课堂教学模式下的高校体育教学评价不能局限于传统的纸笔测验，评价内容、评价主体、评价标准和评价方法等都应区别于传统教学，否则，翻转课堂的实施就会流于形式。翻转课堂模式下的高校体育教学评价应该把"以评促学"、"以评促教"作为评价的主要目的，并将学生的进步程度作为评价的主要指标并注重多元化评价的采用，只有这样，评价才能既有针对性又不失全面性。多元化评价主要表现在评价主体、评价内容、评价方法、评价阶段等方面，紧紧围绕促进学生的学和促进教师的教两个方面，最终将提高教学实效作为评价的主旨。

（三）注重提高体育教师的综合素养

无论何种教育教学改革，教师始终是改革成败的核心与关键。作为信息化社会的产物，翻转课堂不仅仅是一种先进的教学理念，还是一种先进的教学方法，它对体育教师的综合素养提出了较高的要求。体育教师既是在线虚拟教学平台的搭建者、设计者和使用者；又是教学视频等学习资源的开发者和上传者；既是学生学习与实践的组织者、引导者，又是学生学习成果评价的设计者和评价者；既是学生在线学习情况的监控者和督促者，又是教学设计的完善者。

（四）对体育课堂实效进行追求，对避免翻转课堂异化进行避免

翻转课堂作为一个新生的事物，虽然它顺应了信息化社会的时代背景，但还没有形成公认的科学实施模式，各个学科对翻转课堂的研究成果较为丰富，但各类研究也存在很多的不足，综合起来主要表现在以下几个方面。

1. 要对弱化体育教师的作用而过度强调以学生为中心的情况进行避免

翻转课堂模式下，体育教师虽然把课堂讲解与示范的时间让位给了学生，但并不代表教师的作用被弱化了，事实上，体育教师的作用变得更加关键，而不是被弱化。课前教学视频的录制和搜集、教学资料的优化与整合、在线虚拟教学平台的建设与管理，课中体育教师的讲解与示范、学生活动的设计与组织，课后学生学习结果的考核与评价、教学方案的优化与修订等，每一项工作都离不开教师的付出。如果对体育教师的作用过度弱化，学生的学习就会失去系统性和效率，高校体育教学最终难免沦为"放羊式"的结果。

2. 要对忽视学生课前学习的跟踪和监测而高估学生的自主性的情况进行避免

对于翻转课堂教学模式而言，"掌握学习"是其建构的重要基础。翻转课堂的有效实施离不开学生的自主学习性。作为现实社会中的复杂存在，学生在课堂教学开始之前的在线学习中，并不是每一次都能够针对高校体育教学内容有效地、自觉的学习。因此，教师有必要对学生进行适当的检测与跟踪，它不仅仅能够对学生的技能学习和知识学习的完成起到督促作用，还能够有效培养学生的自主学习能力。

3.要对忽视学科的差异而一味借鉴其他学科的经验的情况进行避免

现阶段，对翻转课堂教学模式的相关理论研究成果与实践研究成绩，主要是基于其他学科的基础智商。在体育学科的理论等方面的研究还并不十分成熟，在对高校体育教学中翻转课堂教学模式的应用进行研究的时候，我们对于其他学科的实践经验不可避免地要进行借鉴。但是，学科与学科之间的差异是肯定存在的，在其他学科领域比较适用的理论和经验，在体育学科中不一定能够适合使用。因此，在翻转课堂教学模式进行具体实施的时候，我们应该要把握好体育学科本质特点，应该有选择地吸收、借鉴其他学科的理论与经验，对于生搬硬套的情况要避免发生。

4.要对偏离翻转课堂的本质而过度追求形式的情况进行避免

实施翻转课堂教学模式的主要目标是在一定程度上提升高校体育教学的实效性，这一点是毫无疑问的。高校体育教学的存在离不开价值的支持与丰富，体育课程教学的一种至高境界是对于既正当又有效的高校体育教学进行贯彻，如果过分追求形式而对高校体育教学的效果不够重视的话，那么即便是翻转课堂的教学模式得以实施，也不存在任何的意义。

在高校体育教学改革深入发展的特殊阶段，在广大体育教师积极投身于高校体育教学改革的今天，对于翻转课堂教学模式我们依然应该谨慎地对其缺陷与优势进行审视，尤其是要避免对于偏离翻转课堂的本质而过度追求形式的情况。

三、翻转课堂在高校体育教学中的应用

（一）高校体育教学中实施翻转课堂的价值探析

1.当前高校体育教学中存在的典型问题

（1）教学指导思想混乱。教学指导思想反映的是体育教师的理念问题，它会直接影响高校体育教学主旨的确定、教学方法和手段的选择以及整个教学组织管理过程，最终影响教学实效。"健康第一"、"快乐体育"、"终身体育"等各种体育课程指导思想的提出，有力地促进了我国高校体育教学的发展，但也会让体育教师感觉无所适从，众多的体育指导思想让体育教师很容易迷失教学的主旨，最后只能依据个人理解众里挑一并从一而终。可见，混乱的教学指导思想很容易让体育教师片面理解高校体育教学，最终会影响我国高校体育教学的良性发展。

（2）失去工具性和人文性之间的平衡。对于高校体育教学目标而言，存在三个维度，而里面包含的知识与技能目标能够展示出体育的工具性特征，而态度、情感与价值观目标能够展示出体育的人文性。体育课堂教学所具备的工具性对于实践性与实用性进行强调；体育的人文性对于情感与精神进行强调。

现阶段，高校体育教学能够充分地表现出其工具性特征，然而却忽视了人文性方

面的特征，体育教师只是对应该教什么内容、怎么样的方式进行教学、学生如何进行学习、学生能否真正学会等问题给予重视，但是却很少关注在体育课程教与学中态度、情感与人格等方面的发展需求。最终导致的结果是，尽管学生已经对体育知识进行了学习，同时还对一定的体育实践能力进行了掌握，但是，在学生的体育实践意识与整体体育素养方面仍需要加强，对于体育课和体育教师，学生往往表现出淡漠的情感，致使"学生不喜欢体育课却喜欢体育"、"体育锻炼意识与习惯缺乏"的现象时有发生。由此可见，在传统的高校体育教学过程中，轻视人文性、重视工具性的现象是非常显著的，如果想要高校体育教学的最终目标得到实现，就需要对高校体育教学的人文性和工具性的统一始终坚持。

（3）缺少个性与人本化。现阶段，我国体育实践中存在的问题有很多，虽然我们已经充分地意识到它们的存在，同时力气持续加大，为了能够将这些问题解决掉，对于多种措施进行了应用，然而，却没能够有效地解决这些问题，导致瓶颈状态的出现，在我国高校体育教学中，这样的情况是非常明显的。在高校体育教学活动开展的过程中，体育教师通常从主观意识出发，将"一刀切"的特点表现出来，尽管打着面对全体学生的旗号，实际上却忽略了学生的个体差异；为了能够实现传递知识和技能的目，体育教师所发挥的作用是至关重要的，这主要是因为体育课堂教学的时间基本上都是在体育教师的示范和讲解中度过，在课堂容量的约束下，学生知识和技能内化的实现根本上是很难的，几乎不可能，更不要说提高学生的综合能力了。

在高校体育教学实践活动开展的过程中，体育教师需要面对非常复杂的学习群体，之所以这样说，是因为他们在性格特征、知识基础、学习方式、学习能力、学习习惯与学习需求等方面会表现出较大的差别，因此，体育教师需要深入了解学生的实际情况，同时实施区别对待，展开个性化教学。在传统的高校体育教学中，如果缺少一定的个性化与人本化，那么想要将因材施教落到实处是很困难的，很容易导致学生两极分化的情况出现，即好的学生没有办法更好，而差的学生则是越来越差，在体育课堂教学过程中，学生的主体性与独立性是根本无法实现的，严重背离了人才培养的要求。

（4）学习评价结果的失真。在我国传统的高校体育教学过程中，唯一的评价主体就是教师，而一贯使用的评价方法是纸笔测试与技能考核，在统一的标准下对学生进行考核，再按照相关标准由教师进行打分，这样的评价方法尽管看起来是公正的、客观的，但是实际上对于学生的学习效果与进步程度却很难反映出来，而"通过评价促进学习"的目的更是难以达到。一旦碰到考试，学生就如临大敌，经常出现的现象是：考试以前临阵磨枪，考试以后惶恐不安，课程结束以后就像是逃离了地狱中一般。

对于传统的高校体育教学评价模式而言，对于学生的学习效果不能真实地反映出来，同时，学生体育学习的兴趣很难得到激发，其体育锻炼习惯也很难养成，更为严重的是，还会使学生对体育课程学习的抵触情绪得到增加，不存在任何的意义。

2. 翻转课堂在高校体育教学中的核心价值

当前，翻转课堂在我国的兴起已经成为不争的事实，但对于翻转课堂的价值进行深入探讨似乎还未引起理论层面的重视。为了更好地应用和推广翻转课堂，对其在高校体育教学中的核心价值予以探讨。

（1）翻转课堂使高校体育教学与信息技术的有机结合得到实现。在信息化社会的今天，学生的生活方式和学习方式发生了深刻的变化，借助手机、电脑等信息化平台进行学习和交流已经成为日常习惯，为适应学生在行为和习惯上的变化，教学信息化在所难免。

翻转课堂作为信息化社会的产物，它使教学与信息技术之间有机结合，高度迎合了学生的日常习惯，改变了传统课堂呆板的模式和形象，使学生的学习变得更加自然和有趣。体育教师通过上传视频、三维动画、PPT等丰富而直观的教学材料，设置系统有序的学习导航，加上教师对学生客观而有趣地在线评价和在线交流，一个有益于学生身心发展的教学环境被创建出来，这不仅有效增进了师生之间的情感，更提高了学生的学习情趣和自主性，也为体育教师有效组织课中的教学活动奠定了基础，这对提高高校体育教学的实效性是非常有利的。

（2）翻转课堂有助于实现高校体育教学的精讲多练。学生课中学习和练习的时间总量是一定的，新知识、新技能的学习耗时过多，学生从事体育练习的时间势必减少，体育课的健身性以及学生对知识、技能的掌握和理解就会大打折扣，因此，精讲多练是符合体育课堂教学的要求。在翻转课堂模式下，课前，学生通过观看教学视频，对高校体育教学内容有了初步的认知，对体育学习中的难点深有感受，在遇到无法解决的问题时，学生通过在线交流平台及时反映给体育教师，这样教师就会对学生的课前学习情况有所把握；课中，体育教师依据学生所反映的问题进行针对性极强的讲解或个别指导，不需要每个问题都进行讲解，这样就省去了很多讲解的时间，学生在课中进行体育实践的时间就被延长，精讲多练的目的自然达到。

（3）翻转课堂使高校体育教学要素的优化组合得到实现。从高校体育教学要素的层面上来讲，翻转课堂同传统的高校体育教学模式之间存在的区别并不是很明显。对于翻转课堂而言，它主要是利用科学合理地重构高校体育教学要素来使高校体育教学的效能实现增值的。我们之所以将翻转课堂判定为一种革命性的高校体育教学方式创新，主要是由于此种教学模式在对高校体育教学要素的各种功能进行准确定位的情况下，体育教师与学生的主体性地位得到了转换，使体育课程的资源得到拓展，促进了高校体育教学目的、高校体育教学方法手段与反馈机制的合理调整，对学生体育学习的良好环境进行创设，进而从质的层面改变高校体育教学的形态与结构。同时，需要注意的是，翻转课堂在组合高校体育教学要素的问题上并不是固定不变的，而是动态的，不是呆板的，而是灵活的。在高校体育教学的实践活动中，按照实际的需要，体育教师对于各教学要素间的组合关系可以随时进行调整以保证特定高校体育教学目的的实现。只有对于这一点充分认识，才能够保证我们能够将翻转课堂作为固定模式进行看待，进而使高校体育教学中应用翻转课堂教学方法流于形式的情况得到避免。

（4）翻转课堂能够促进高校体育教学中素质教育的实施。素质教育的主要目的是对于受教育者的综合素质进行全面提高，而值得注意的是，综合素质的提升离不开人的全面发展，同时，对于学生个性的培养，我们也不能忽略。个性的完善，不仅仅是素质教育开展的价值理念，又是素质教育的目标理念，培养个性、促进人的全面发展是素质教育的真谛。

在翻转课堂教学模式应用的过程中，学生的学习目标是统一的，同时，按照学生的具体实际，体育教师可以对学生的个体目标进行制定。通过对在线高校体育教学视频的观看，可以保证学生自主学习的实现，按照学生的学习能力来确定高校体育教学视频的观看次数，而按照学生的学习基础来由学生自主选择观看的内容；从反馈问题的层面上来讲，通过在线交流平台，学生能够将学习中的问题随时向教师反映，同时，获得教师的及时教导；从学习评价的层面上来讲，体育教师对于学生进行评价的根据是学生的进步程度，同时将小组评价和个人评价融入最终评价结果之中，这种评价模式有助于让学生认清学习过程中的优点和不足，并时刻感受到自己在不断提高。可见，翻转课堂这种个性化的教学模式对于学生端正学习态度、激发学习兴趣、提高沟通能力、培养正确的价值观以及促进学生的全面发展都是有益的。

（三）将翻转课堂教学方法引入高校体育教学的全新高校体育教学模式

我们常说的高校体育教学模式主要是指在一定高校体育教学理念、高校体育教学思想的引导与高校体育教学理论的指导下，因此而建立的各种各样高校体育教学活动的基本框架或者基本结构，一般来讲，高校体育教学模式主要包含了多种要素，即高校体育教学理论依据、高校体育教学原则、高校体育教学程序与学习程序、教学资源与实现条件，以及高校体育教学效果评价，等等。将翻转课堂教学方法引入高校体育教学的全新高校体育教学模式具体包含以下几个方面的内容。

1.高校体育教学的理论依据

高校体育教学中应用翻转课堂的教学模式主要的思想基础是"先学后教"思想，对于高校体育教学活动中学生的教学参与与学生的主体性进行强调。从高校体育教学的特征与行为心理学原理出发，特别是对斯金纳操作性条件反射的训练心理学进行考虑，对高校体育教学的程序进行确定，具体是：利用视频学习——对于联系吸收理解——再通过视频回顾——互动反馈——强化实践——学习、掌握，并且在这样循环、反复的高校体育教学过程中，对于行为目标进行有效塑造；同时，按照学习的过程与教学的实际效果、学习主体对体育"教"与"学"的活动过程进行不断地完善与创新，促进预期高校体育教学目标与学习目标的实现。

2. 高校体育教学的目标与原则

对于高校阶段的高校体育教学目标而言，主要是为了对高校阶段高校体育教学目标进行巩固与提高，即体育锻炼的思想、体育能力与体育习惯，对于学生科学、积极、主动参与体育锻炼的行为进行引导与教育，对于现代体育科学中的基础知识、基本技术和技能、方法进行扎根；使学生体育锻炼的参与意识得到强化，使其体育文化素养得到提高。

为了能够保证高校体育教学目标的顺利实现，对于将翻转课堂教学方法引入高校体育教学的全新高校体育教学模式而言，而教学原则是体育教师应该遵循学生的认知水平与心理发展特征，加工整理高校体育教学内容，高校体育教学设计、制作通俗易懂，同时还能够紧密地联系到自身已经掌握的认知结构，同时，对于优质的、适宜的高校体育教学视频进行选择；对于一个宽松的、民主的、轻松的交互式学习社区或网络教学平台进行构建，对于学习反馈信息及时地掌握，并能够有效地发现问题、解决问题；在对总体学习情况进行把握的情况下，对于个体学习发展的过程给予重视，将高校体育教学过程中与学习过程中学生的主体性作用充分发挥出来，尽可能地使学生自己发展，对存在的问题自己进行分析与解决，同时对于自我认识、能力与技能进行深化、拓展。

3. 高校体育教学程序与学习程序

将翻转课堂教学方法引入高校体育教学的全新高校体育教学模式，其主要基础是优质的交互学习社区与视频资源，因此，可以将高校体育教学程序与学习程序进行如下的设计：对于高校体育教学内容进行预习——对于高校体育教学视频有针对性的进行观看，再进行示范、讲解——使学生学习动机得到激发，对学习过程中的问题进行发现——在课堂教学中由教师对新课进行讲授，对于学生的疑惑进行解答，并进行示范——有学生自主进行练习与实践，对体育学习效果进行巩固——对体育学习效果进行反馈，由教师、学生进行评价——通过资源拓展完善、知识和技能结构的扩展，以及反复练习实践对理解与训练效果进行加强。

4. 高校体育教学的实现条件和教学资源

近些年来，慕课教学平台的快速发展与互联网的广泛普及，创造了良好的条件以便于翻转课堂高校体育教学模式的实施。然而，对于现代高校体育教学来讲，我国的高校体育教学相关视频与学习资料还是相对较少的，所以，我国的体育教师应该从体育课程与教学内容出发，自行制作与设计高校体育教学资源。对于高校体育教学内容而言，主要有理论教学内容与动作讲解、演示的视频，保证体育练习活动的理解性与课余训练活动的实践性。既要有动作示范的要领分析，又要有训练实践的摄像记录视频，此外，还要有拓展性的教学资源和学习资源，以及专题性的研讨问题等。不仅如此，体育教师在组织学生观看教学视频、开展练习活动和训练活动的同时，还要保证在交互社区体育教师能够对于学生的疑惑及时地进行解答、讨论与指导。

5. 高校体育教学效果与评价

将翻转课堂教学方法引入高校体育教学的全新高校体育教学模式，其实施能够使学生学习体育的兴趣得到激发，使学生自主发现、学习、探索、分析、解决问题的综合能力得到培养，同时促进学生技术和技能的提升，同时还能够有效促进学生自主学习能力、社会发展适应能力、互相合作能力的发展与培养，体育教师应该通过交流与活动对学生的学习情况与进度实时地进行了解，还要对反馈信息及时掌握，同时再从所获的情况出发，适当地进行引导，对于学生的学习积极性进行鼓励并充分调动，在高校体育教学与讲解活动开展的过程中，针对不同的学生因材施教。将翻转课堂应用在高校体育教学中的相关活动适宜于小班教学，所以，在大班教学中一般很难实施。而对于学生的评价而言，需要注意的是，它同其他文化课程是不同的，在对其学习好坏进行衡量的时候，不能单纯地将考试成绩作为标准。在学校高校体育教学中，应该对"健康第一"的指导思想始终坚持，同时，还要在体育考试的各个环节中渗透"健康"的标准，对于标准化的项目应该适当地减少技能考试，同时，还要有效改进高校体育教学的评价标准，尽可能地避免学生由于害怕考试而出现的体育厌学心理与逆反心理，此外，对于学生应该积极地引导，使他们加强对高校体育教学的相关认识，使得学生体育锻炼良好习惯的养成得到促进，并且同高校体育教学目标相适应的人性化测试方法要积极构建。

第六章 高校体育教学过程与评价的革新

第一节 高校体育教学过程的优化发展

一、体育教学过程的概念

体育教学过程是为实现体育教学目标而计划、实施的、使学生掌握体育知识和运动技能并接受各种体育道德和行为教育的教学程序。这个程序具有学段、学年、学期、单元和课时等不同时间概念。

二、体育教学过程的性质

（一）高校体育教学过程是学生对运动技能进行掌握的过程

高校体育教学过程是学生对运动技能进行掌握的过程。从本质上来讲，体育课程的教学就是在身体练习不断反复开展的过程中，使学生能够对运动技能进行掌握，同时，在对运动技能掌握的前提下在接受其他方面的养成教育，同体育课程不同，其他学科的教学过程实际上就是，使学生对概念进行识记，并且对推理、判断等思维方式进行应用，去对科学知识进行掌握，同时使学生的智力得到发展。因此，我们可以将高校体育教学过程理解为学生对运动技能进行掌握的过程。

（二）高校体育教学过程是学生运动素养提高的过程

对运动技能进行掌握的前提就是，使运动素质得到提高，同时，还要使大肌肉群的运动素质得到有效提高，运动技能与运动素质提升之间存在的关系是互相促进。所以，高校体育教学过程可以理解为是使学生运动素质得到不断提高，且以此能够使学生体能得到增强的一个过程。在高校体育教学活动开展的过程中，在重视学生掌握运动技能程度的同时，还应该对学生运动素质的提升给予一定关注，并且，在对高校体育教学进行设计，对高校体育教学进度进行安排，对高校体育教学内容进行选编的过程中，将运动技能与运动素质的提高紧密地联系在一起，保证二者的协调发展。

（三）高校体育教学过程是知识学习、运动认知的形成过程

体育学科作为一门综合性课程，包含了自然学科与人文学科。在高校体育教学活动开展的过程中，不仅强调学生对运动技能的掌握，还会组织、安排学生对其他知识进行学习，获得一定的运动认知。在某些时候，这也是运动技能掌握与运动素质提高的重要前提条件。所以，高校体育教学过程也是对体育知识与运动认知进行掌握的一个过程。

体育是涉及人文学科和自然学科的一门综合性课程，在以掌握运动技能为主的高校体育教学过程中，学生也会涉及许多知识的学习和运动认知的获得，有时，这也是掌握运动技能和提高运动素质的基础。因此，高校体育教学过程也必然是一个掌握体育知识和运动认知的过程。

（四）高校体育教学过程是集体学习与集体思考的过程

高校体育教学的教学形式主要以"集体学习"和"小集体学习"为主，之所以这样，原因在于绝大部分的体育运动项目的完成都是通过集体形式或者小集体形式，所以，也应该在集体性学习与集体性思考的过程中完成体育技能的学习。此外，现阶段的高校体育教学目标也是更加倾向于学生的集体学习，旨在使集体教育的潜在作用能够得到充分地发挥。同时，在高校体育教学中，集体性学习与集体性思考能够使教师与学生之间、学生与学生之间的沟通和互动得到加强，同时，还能够促进学生社会适应能力与社会交往能力的培养，所以，对于高校体育教学过程，也可以认定为是开展学生集体性学习与集体思考的一个过程。

（五）高校体育教学过程是对运动乐趣进行体验的过程

从生理学的角度上来讲，学生学习体育的过程是一个充满汗、累和苦的一个过程，使对学生身体实施生物学改造的一个过程，同时，对运动固有乐趣从身体方面与心理方面进行体验的一个过程。这种乐趣体现了体育运动的生命力，同时是高校体育教学的重要内容与目标，还是对学生体育参与意识进行培养的重要手段与途径，是终身体育运动开展的前提条件，所以，对于高校体育教学过程，我们可以理解为学生对运动乐趣进行体验的一个过程。

三、体育教学过程存在的主要矛盾

在体育教学过程中，主要矛盾存在三对，分别是：①体育教师的教同学生的学之间存在的矛盾；②体育教师同教材之间存在的矛盾；③学生同教材之间存在的矛盾。在这三对矛盾中比较显著的就是体育教师的教同学生的学之间存在的矛盾。

在高校体育教学过程中，体育教师与学生是两个重要的主体性因素，因而导致体

育教师的教与学生的学之间双边互动的矛盾关系得到构成，并且在高校体育教学过程中，这一矛盾是始终存在的，同时，还能够对其他矛盾的存在与发展起到一定的支配作用，从而作为原动力，促进高校体育教学过程的发展。

四、体育教学过程的功能

高校体育教学过程从根上来讲，就是认识与实践之间统一、协调发展的一种活动过程，这一过程的最终目标在于使学生的全面发展得到促进，换句话来讲，高校体育教学过程的主要功能在于使学生身心诸方面的和谐发展得到促进。对于高校体育教学过程的功能进行全面地认识与开发，能够使高校体育教学成为有效途径，以促进高校体育教学目标的更好实现。高校体育教学过程的功能主要会在以下几个方面的内容中表现出来。

（一）体育教学过程的教育功能

在体育教学开展的过程中，不仅能够增长学生的知识，使其能力得到全面发展，还能够熏陶、改变学生的思想情感、道德品质与精神面貌。在体育教学中，教师应该将教书与育人自觉地统一起来，充分发挥体育教学过程的教育功能，使学生思想品质与道德素养的发展得到促进。

（二）体育教学过程的知识传递功能

体育教师通过体育教学过程的开展，能够将科学文化知识与基本技能技巧系统地向学生传递。体育教学过程实际上就是对学生有目的、有组织、有计划地培养的一个过程，因此，体育教学过程的知识传递功能能高质量、高效率地发挥。

（三）体育教学过程的智能培养功能

在知识传授与技能形成的统一发展过程中，智能培养得以实现，上述三个因素之间的关系是非常紧密的，是互相促进、互相依存的统一体。首先，智力活动的主要内容就是知识；其次，对知识进行学习与应用的活动，本身就能够实现智力的锻炼与能力的培养；最后，形成技能可以使智力活动过程得到大大地简化，使智力活动水平的提高更加迅速、更加经济、更加有效。

（四）体育教学过程的审美功能

作为教学艺术与教学手段，"美"的因素始终存在于体育教学过程中，并且在体育教学活动的各个方面都有存在，在"美"的多样形式下，使学生对"教"所要传递的各种各样教育信息顺利吸收，同时，获得教学美的体验与享受，使紧张学习导致的疲劳得到消除，促进一定审美趣味、审美观念与审美能力的形成。

（五）体育教学过程的发展个性功能

发展个性的主要内容是对知识进行传授，对智能进行培养，促进技能的形成、在原有生理条件与经验背景的基础上，每一个学生都有可能会形成独有的知识、智能结构与技能，同时能够对自己新的知识体系进行构建，从而为个性发展创造良好的条件。然而，需要注意的是还受到其他几个方面内容的影响，即身体素质的健康，态度、情感、动机、意志、品德、思想、价值体系等方面的培养。对于上述能够对学生个性发展起到决定性作用的这几个方面内容，体育教学过程能够发挥积极的影响作用。

五、与体育教学过程有关的概念

本节内容主要是对体育教学过程的基本概念进行分析，但是本书的许多章节也都与体育教学过程存在十分密切的联系，只是从不同方面出发对体育教学过程的内容进行阐述，例如，体育教学模式、体育教学设计、体育教学原则、体育课堂教学活动等都是从不同的角度来描述体育教学的整个过程，并且对相关规律进行揭示。所以，表述、分析体育教学过程是体育教学论的重要内容，本节只是对其进行简单的探讨。

为了便于大家更全面和综合地理解体育教学过程，在此就体育教学过程与体育教学原则、体育教学模式、体育教学设计、体育教学计划以及体育课堂教学等概念的关系做一简析。

（一）体育教学过程与体育教学原则

在许多《教学论》著作中都称教学原则，实际上就是教学过程的原则，由此可以看出，体育教学过程和体育教学原则之间存在的关系是非常密切的，但体育教学过程与体育教学原则又是不同的概念范畴。它们之间的联系主要体现在：

（1）体育教学原则是体育教学过程实施的基本要求。

（2）体育教学原则是体育教学过程优化的基本内容。

（3）体育教学原则在体育教学过程的各个层次中始终存在。

但是，体育教学过程与体育教学原则之间也是存在一定区别的，在区分过程中需要注意以下问题：

（1）体育教学过程是时间和流程的范畴，体育教学原则是要求的范畴。

（2）体育教学过程可以分阶段、有重点，体育教学原则是贯穿始终的。

（3）体育教学过程与内容关系密切，体育教学原则与方法关系密切。

（二）体育教学过程与体育教学模式

体育教学模式实际上就是单元和课时体育教学过程结构，是本着某种体育教学指导思想设计的教学过程类型，体育教学过程与体育教学模式是"抽象"和"具体"的关系。因此可以说，那些具体的、有特色的、长短不一的体育教学过程设计以及其中的方法体系就是体育教学模式。

（三）体育教学过程与体育教学设计

从本质上来讲，体育教学设计就是体育教师构想与安排体育教学过程，对于体育教学的任何一个过程而言，都有某一种体育教学设计存在其中，而体育教学设计是包含在体育教学过程中的工作。但是我们也不能认为有了一个体育教学过程就有了本教材所说的体育教学设计，因为本教材所讲的体育教学设计是"教师经过精心设计的为实现体育教学过程最优化的工作"。

（四）体育教学过程与体育教学计划

所谓的体育教学计划，主要是指体育教学过程的设计方案，我们对它的理解，通常是存在于纸上的体育教学过程。对于体育教学过程与体育教学计划而言，二者是一一对应的关系，例如，如果有学期体育教学过程，那么就会存在学期体育教学计划；如果有单元体育教学过程，那么就会存在单元体育教学计划；如果存在学时体育教学过程，那么就会存在学时体育教学计划，等等。

（五）体育教学过程与体育课堂教学

体育课堂教学是教学的场景，通常指一个课时的体育教学，也是作为时间基本单位的体育教学过程。而体育课堂教学的各项因素同体育教学过程之间都存在十分紧密的联系，都是体育教学过程的主要构成因素，同时，也是对体育教学过程进行考查的最佳视角。一般来讲，体育教学论是为了让大家更清晰地理解体育教学过程，也是为了各个章节的平衡才予以分别论述的，这一点请大家注意

六、体育教学过程的动态与静态分析

（一）体育教学过程的动态分析

从上述体育教学的层次中可以看出，里面的主要结构处于相对的稳定状态，然而，在对具体的过程与阶段进行安排与应用的时候，应该从不同的教材内容、教学目标、环境条件与学生特点等因素变化等方面进行考虑，保证体育教学过程与体育教学阶段安排与应用的灵活性。

（二）体育教学过程的静态分析

1. 体育教学系统的构成要素

在对体育教学过程进行分析的过程中，可以应用整体性观点，首先，将体育教学作为一个完整的系统进行考虑，而整个体育教学系统的构成主要是很多互相练习的部分或要素。

2.现代体育教学过程的本质

（1）体育教学是交往的一种特殊形式。在对人的本质进行分析的过程中，马克思提出了这样的观点，即从现实性的角度上看，人属于一切社会关系的总和。由此可以得知，通过社会这个媒介，人的本质才能够得到展现，而只有交往的存在，才能够在一定程度上促进社会的运行与发展。从本质上来讲，体育教学过程就是一个教师和学生之间互相作用的过程，一旦这样互相作用关系不存在，那么也就不存在体育教学活动，换句话说，体育教师与学生之间有一种特殊的社会关系存在，因此，他们之间的互相交往也是一种特殊的形式。

体育教学的特殊性主要会在以下几个方面表现出来。即：①它的交往目的比较独特。②它的交往内容比较特殊。③它的交往主体比较特殊。④它的交往方式比较独特。

（2）师生间的主客体关系由对话构成。体育教学属于一种特殊的师生交往过程，主要表现形式是对话，而双方之间的对话使教师与学生之间的特殊关系得以构成。在存在的特殊关系中，教师与学生都将对方看作是教学目的达成、教学目标实现的合作者，而不是一个对象。通过对话的形式，人与人之间的互相交往、沟通更加和谐，如此一来，教师与学生之间的关系也就发生改变。在基础教育课程改革与体育新课程改革中，对于教师与学生之间关系的变化趋势已经进行了说明。

3.体育教学过程的规律

所谓的体育教学过程的规律，主要指的是在体育教学的过程中或者是现象之间会有本质的、必然的联系存在，而这种练习能够将体育教学发展的特点体现出来。由于体育教学过程中存在许多的构成要素，并且这些要素之间还存在特别复杂、广泛的联系，所以，体育教学规律就不是单一的，这一点也是同其他现象所具规律相比的不同之处；体育教学规律也不会像其他规律一样，直接地展现出重复有效性；生物学刺激具有十分明显的反应规律，而体育教学是同人的身心发展相适应并促进的。对于体育教学存在的特殊规律，作者进行了如下分析。

（1）动作技能形成的规律。体育教学的最终目的是使学生对一定的运动技能进行学习并掌握。而事实上，掌握运动技能的过程并不是单纯地从不会到会，从不熟练到熟练地发展过程。动作技能的形成会经过三个阶段，对动作粗略掌握阶段、对动作改进与提高阶段，巩固与熟练运用动作阶段。

（2）动作技能迁移规律。从学习理论的角度上来讲，迁移是指一种学习情境对另外一种学习情境产生的影响。而我们这里所说的动作技能的迁移，就是指已经形成的动作技能对于所学习的新动作技能存在的影响。如果存在的影响是积极的，那么我们会把这种具有促进作用的迁移称作是正迁移；如果存在的影响是消极的，那么我们就会把这种带有负能量的迁移称作是负迁移。

在体育教学开展的过程中，迁移的现象是普遍存在的，同时，迁移规律对于体育教学过程还存在一定的影响，尤其是对于动作技能形成的影响更加明显。如果没有通过迁移，就不能够使已经形成的动作得到进一步的熟练、检验与充实。迁移的重要基础是已经拥有的知识技能，作为重要的环节，从掌握知识与技能向形成技能过渡，因此，为了迁移而开展教学的思想被人提出。

（3）人体机能适应性规律。在体育教学开展的过程中，对于身体活动的反复练习，学生积极地参与，长此以往，由于体能的消耗导致身体疲劳与身体技能水平下降的情况出现，然而，事实上，疲劳的过程也会是使恢复得到刺激的过程，能够促进能量储备的加强，使超量恢复得以显现，使机体的适应能力得到提高。

因此，在体育教学开展的过程中，学生对于负荷的刺激要进行一定的承担，使新陈代谢与机体能力提高的过程得到促进。在开展体育教学的时候，为了能够使学生的机体能力得到提高，使健康得到增进，最应该要做的就是对负荷和休息合理地进行安排。由于运动负荷的大小与人体新陈代谢能力的不同，超量恢复也会出现一定的改变，在一定的范围中，如果肌肉存在较大的肌肉活动量，那么也就会存在更为激烈的消耗过程，进而就会出现更加明显的超量恢复，而一旦产生了机体适应性的变化，那么学生的体质也会有所改善。

①工作阶段。在这一阶段，学生对一定的运动负荷进行承担，即身体练习的强度与量，对机体的潜在能力进行动员，加强身体内部的变化作用，将会消耗掉能量储备。

②相对恢复阶段。在这一阶段，经过了休息与调整以后，身体的各项机能指标向工作之前的水平恢复，会出现上升趋势的曲线。

③超量恢复阶段。在这一阶段，通过能量的补充与合理的休息，物质储备与能量储备远远多于原本拥有的水平，进而使机体的工作能力得到了提高。

④复原阶段。如果经历较长的间歇时间话，那么超量恢复阶段的效果就会失去，导致机体的工作能力慢慢降低到原本水平。

（二）高校体育教学过程优化分析

综上所述，体育教学过程中会同许多的要素相联系，对此笔者对体育教学过程包含三个要素的观念表示赞同，因而，在对体育教学过程的优化问题进行分析的过程中，本书主要通过对教师、学生、教材（即教学内容）等几个方面的分析来进行探讨。

1.优化体育教师

使体育教师的主体能动性能够得到充分发挥，也就是在整个体育教学活动开展的过程中，使体育教师的主导作用得到有效地发挥。在体育教学中，体育教师是教学的主体，发挥着主导的作用。通过对体育教学过程展开动态分析可以得知，教师的主导作用主要会在三个阶段体现出来，即体育教学的准备阶段、体育教学的实施阶段与体育教学的反思阶段。因此，在优化体育教师的时候，应该从上述的三个阶段展开分析。

（1）体育教学的准备阶段。在体育教学的准备阶段，体育教学方案得以形成，是指按照体育教学的理论与实际条件安排、规划、确定体育教学过程、体育教学目标与体育教学评价等。对体育教学方案进行优化设计，能够保证体育教学整个过程的优化。

（2）体育教学的实施阶段。体育教学的实施阶段事实上就是对体育教学进行管理、组织、实施的阶段，同时也是体育教学目标与体育教学方案具体执行与实现的过程。体育教学的实施阶段是体育教学过程的重要组成部分之一，在这一阶段中，体育教师承担着很多方面的任务，例如，使学生的学习动机得到调动，学生的学习过程得到指导与组织，等等。这一阶段也是对体育教学过程进行优化的重点内容。

（3）体育教学的反思阶段。体育教学的反思阶段，主要是指评价与反馈体育教学效果的过程，在这一过程中，需要对体育教学效果进行检查与评估，同时，这一阶段也是体育教学过程的最后一个步骤。体育教学评价的开展，能够使体育教学活动是否达到体育教学预期目标的问题从实际效果上得到解答，同时，还能够将基本的反馈信息提供给下一个体育教学过程。对体育教学效果进行科学地、合理地评价，不仅仅是体育教师的重要责任，同时还是优化体育教学活动的客观要求。

2.优化学生

在我国的国家基础教育改革中，以学生为主体的全新教育理念被提出。在体育教学活动开展的过程中，学生是主体，具体来讲，学生自身的主体性能够得到发挥，同时，其主体性就是整个主体结构的表现功能。所以，在体育教学开展的过程中，学生的主观能动性应该得到发挥，对体育教学内容的选择进行参与，使体育锻炼与学习的动机、兴趣与愿望得到体现，通过体育练习活动的开展，使学生的运动能力、运动经验与运动技能储备等得到发展。在体育教学实践活动开展的过程中，只要学生的主动性、创造性与独立性得到全面的发展，才能够保证学生对体育知识、体育技能有所掌握，使其自身的能力得到发展，促进合理主体结构的形成。

3.优化体育教学内容

在优化体育教材，即体育教学内容的时候，需要对以下几个方面的要求给予重视。

（1）保证全面性的体育教学内容。体育教学主要目标是使学生的全面发展得到培养，为其将来接受更高层次的教育建立良好基础。所以，应该将体育锻炼方法、体育科学知识与体育价值观念等多个方面的内容紧密地联系在一起，只有保证体育教学内容的全面性，才能够为日后学生的全面发展创造有利条件。

（2）保证基础性的体育教学内容。体育教学的内容，主要会在以下几个方面表现出基础性，及使学生的正常生长发育得到促进，保证学生身体素质与运动能力的全面发展，保证获得扎实的体育知识与体育技能，促进良好体育锻炼习惯的养成，创造终身体育运动的重要条件。

（3）保证活动性的体育教学内容。体育教学内容是学生开展学习活动的主要材料，通过主体活动的完成，使学生掌握了体育教学内容。体育教学内容的设计应该保证能够促进学生主体活动的开展，使学生的体育学习兴趣得到培养，也就是说体育教学内容应该是整体性的规划，主要从学生的思维、观察、体验、练习、互动与探索等方面出发。

4.体育教学过程的控制、管理与评价

体育教学过程的控制、管理与评价，应该从体育教学目标与体育教学效率等指标出发，并且保证控制、管理的过程中做到有组织、有目的、有计划地开展，同时还要对体育教学速度、体育教学时间等因素进行综合考虑，争取在体育教学开展的过程中，做到在较低消耗的情况下，取得理想的体育教学效果。

总而言之，在对体育教学过程进行优化的过程中，应该同教师教学活动的科学组织与学生学习活动的有效开展紧密联系在一起，对于体育教师教与学生学的双边活动科学地进行组织，同时，对于体育教学的规律、体育教学方法、体育教学模式、体育教学的内部条件与外部实际条件要全面地进行考虑，从既定目标出发，使体育教学过程的有效作用得到发挥，促进最佳体育教学效果的实现。

第二节　体育教学评价的改革创新

所谓的体育教学评价，主要是指在体育课程中一般性教学评价的具体应用，同时也是体育课程教学的重要环节。要卓有成效地开展体育课程教学工作，真正实现提高学生综合素质的目标，就必须在实际教学中贯彻新的教学理念，利用新的教学方式和丰富的、与实际社会生活相配套的体育课程内容来进行教学，而所有这些都需要有与之相对应的教学评价配合。因此，只有对当代体育课程的教学评价有较深入的了解，树立全新的教学评价观，充分发挥其在体育课程教学中的先导作用，才能更好地促进新课程改革背景下体育课程的教学工作。本章就体育教学评价的概念、特点、原则、功能进行了论述，同时还对新课程改革背景下体育教学评价及评价的新方法做了简要的介绍，使教师在教学中能够熟练地运用更多的评价方法，有效地对教学进行评价。

一、体育教学评价概述

（一）教育评价

评价是客体对主体需要被客体满足程度的一种判断，属于价值活动。通过评价，使学生不断地学习、进步、成功，对自我充分认识，使能力的全面发展得到促进；根据反馈的信息，教师可以进行适当的调整，并且使自身的教学能力得到提高。根据学生情况进行教学管理方式的改善。

评价所涉及的范围很广泛，主要是指在教学目标和标准的基础上对学生和教师进行具体调查，评价优缺点进行改进。我们可以粗略地将教育评价分为：学生评价、教师评价、教学评价、课程评价、学校与教育机构评价、教育政策与教育项目评价等。

（二）体育教学评价的概念

所谓的体育教学评价，主要是指从体育教学目标与体育教学的原则出发，判断、评估体育教学的过程，以及所取得的成果。从体育教学评价的概念中可以得知，它主要将三个基本的含义包含其中。

1.体育教学评价的开展需要从体育教学目标与体育教学的原则出发

体育教学目标作为一种评判依据，可以测试体育教学预先设定的成果是否已经实现，预期的任务是否已经完成；而体育教学的原则作为一种评判依据，可以测试体育教学开展的合理性，及其能够满足体育教学的基本要求。需要注意的是，上述的两个评价依据，在具备一定规范性与客观性的同时，还具备教育评价的信度与效度。

2."体育'教'与'学'的过程和结果"是体育教学评价的对象

体育教学评价主要将体育教学过程中的受教育者——学生的学作为重点对象，主要包含了对学生学历水平与品德行为的评价；此外，体育教学评价也会评价教师的教学，主要包含对教师教学水平与师德行为的评价。

（三）体育教学评价的功能

1.导向功能

由于不同的评价标准会得出不同的评价结果，因此评价标准像一根"指挥棒"一样起着导向作用。评价之后的反馈指明了体育教学决策与改进的方向，如果做法获得肯定，那么在体育教学过程中将会对其进行强化；如果做法被否定，那么就需要对其进行纠正与改变。

2.诊断功能

通过体育教学评价，体育教师对于体育教学的质量可以进行科学地、客观地鉴定，了解体育教学的成效和问题。体育教学评价就像是体格检查，能够科学的、严谨地诊断出体育教学的现状。全面性的体育教学评价，能够对于学生成绩实现体育教学目标的程度进行评估，同时还能够帮助教师对学生学习困难的症结所在进行诊断，并且对学生提高成绩做出一定协助。

3.调控功能

体育教学评价的最终结果是将反馈信息向体育教师与学生提高，使他们能够对教与学的情况及时地了解，为体育教学活动内容与形式的调整提供根据。根据体育教学评价的最终结构，教师可以对体育教学计划进行修订，对体育教学方法进行改进，而学生可以对学习策略进行调整，对体育教学方式进行改变。体育教学评价对于体育教学过程向反馈与调节随时可以进行的可控系统的转变得到促进，使体育教学活动同预期目标越来越接近。

4. 激励功能

在体育教学的整个过程中，体育教学评价发挥的作用是监督与控制，是一种对体育教师与学生的强化与促进。通过体育教学评价，能够将体育教师的教学效果与学生的学习成绩体现出来，激励体育教师的工作热情与学生的学习动力。如果体育教学评价是科学的、合理的，那么就不但能够使体育教师与学生可以获得心理满足与精神鼓舞，而且能够使体育教师朝着更高目标努力的积极性得到激发；即便是较低的评价也能发人深思，使体育教师与学生的奋进情绪得到激发，使推动作用与促进作用得到发挥。这是因为这种反馈激励对于体育教师与学生自我的认知存在一定的帮助，进而使体育教学质量得到提高。对于体育教学评价的激励功能，应该有效利用，对学生尽可能地开展正面鼓励，避免学生积极性受到伤害的情况出现。注意在日常评估时尽量避免学生之间的比较，要帮助学生设定个人进步目标，使他们在每次参与身体活动时，充分感觉到自身的进步。

二、体育教学评价的种类

（一）体育教学评价的分类标准

按照不同的标准对体育教学评价进行分类，可以进行多种情况的划分。

1. 根据不同的评价基准进行分类

如果根据不同的评价基准对体育教学评价进行分类的话，就可以分成自身评价、绝对评价与相对评价三类。

2. 根据不同的评价功能进行分类

如果根据不同的评价功能对体育教学评价进行分类的话，就可以分成总结性评价、形成性评价与诊断性评价三类。

3. 根据不同的评价内容进行分类

如果根据不同的评价内容对体育教学评价进行分类的话，就可以分成过程性评价与结果性评价。

4. 根据不同的评价表达进行分类

如果根据不同的评价表达对体育教学评价进行分类的话，就可以分成定量评价与定性评价。

上述的几种评价方式都存在不同的功能，且每一种评价方式都不仅仅存在自己的优势，还存在自己的不足。在评价体育教学设计方案的时候，应该按照体育教学实际的目标与需求对适当的评价类型进行选择。

（二）体育教学的评价种类

1.体育教学的绝对评价

体育教学的绝对评价，主要是指按照体育教学的目标评价体育教学的设计方案、教与学的成果。此评价形式在被评价的集合与群体之外建立了体育教学评价的基准，针对某种指标对集合或者群体中的每一个成员同基准进行逐一对照，进而对其优劣进行判断。通常来讲，会将体育教学的课程标准、教学计划中的教学大纲、课程具体实施方案，以及相对应的评价细则。

体育教学绝对评价的优势是比较客观的评价标准，因此，在体育教学的评价过程中，如果能够恰当地使用此种评价方式，那么就能够保证每一个被评价者都能够对自身同客观标准之间的差距有所了解，以便于他们能够不断努力向标准靠拢。此外，通过体育教学的绝对评价，体育教学的管理部门可以对体育教学各项目标的完成情况进行直接鉴别，同时，还能够对即将要开展工作的重点进行明确。但是体育教学的绝对评价也是存在缺点的，在对评价标准进行制定与把握的时候，容易影响到被评价者的原本经验与主观意愿。

2.体育教学的相对评价

体育教学的相对评价，就是指将基准建立在被评价对象的集合或者群体中，然后，逐一的将各个对象同基准进行对比，来对群体或者集合中每一个成员的相对优劣进行判断。体育教学相对评价的基准是群体的平均水平，根据在整个群体中被评价对象所处的位置进行判断。而体育教学相对评价的优势是具有广泛的适用范围，且甄别性强。就是说，无论群体的整体水平如何，都能够将优劣对比出来。体育教学相对评价的缺陷是，由于群体的不同基准也会产生相应的变化，所以，容易导致评价标准同体育教学目标相背离。

3.体育教学的自身评价

体育教学的自身评价，主要指被评价者从不同的侧面、过去与现在进行纵横比较，从而对自己各个方面的能力展开评价，对自身的进步情况进行确定。体育教学自身评价的优点在于，能够对个性特点给予尊重，同时对个别差异给予重视。通过纵横比较被评价对象或者部门的各个方面或者各个阶段，对其现状与趋势进行判断。然而，由于具有相同条件的被评价对象没有与被评者进行比较，所以对其实际的水平与差异进行判断是很困难的。所以，在体育教学评价的实践活动中，选择评价形式的时候应该将相对评价与自身评价紧密地联系在一起。

4.体育教学的诊断性评价

体育教学的诊断性评价，也被称作是前置评价。在开展体育教学的某项活动之前，例如，在前期分析体育教学设计的时候，应该针对学生的智力、态度、体能、知识与技能等方面的情况开展摸底测试，以便于对学生的准确情况与实际水平进行了解，对其是否具备体育教学新目标实现的必需条件进行判断，为体育教学决策提供一定的理论依据，保证体育教学活动中学生背景与需要的协同发展。

我们这里所说的诊断，是一个存在较大范围的概念，不仅能够对缺陷和问题进行验明，还能够识别各种各样的优点与特殊才能。所以，体育教学针对性评价的最终目的是对体育教学方案进行设计，使起点水平与学习风格不同学生的需要得到满足，同时，还要在体育教学程序中对学生进行最有益的安排。

5. 体育教学的形成性评价

在体育教学活动开展的过程中，形成性评价的不断进行是为了更好效果的获得。此种评价形式能够对阶段设计成果、阶段教学效果与学生的学习进展情况与存在的问题等进行及时了解，及时做出反馈，并且对体育教学工作进行不断调整与改进。这种评价会频繁地发展，例如，学习一个知识点之后的练习、提问，一个单元之后的技术评定，一节课以后的小测试。形成性评价是体育教学设计活动中的重要评价形式；或者是评价新的体育教学方案时，一般都是应用在此方案的试行过程中，主要的目的在于对该方案进行修改，对有利的案例进行收集。从提高体育教学质量的问题上来讲，对于形成性给予重视要比下面将要分析的总结性评价更具有现实意义。

6. 体育教学的总结性评价

体育教学的总结性评价，也被称作是后置评价，通常是当体育教学活动结束一段时间以后，为了能够对体育教学活动的最终结果进行把握而开展的评价。例如，在学年末或者学期末的时候，体育教师会组织考评、考核，主要目的是为了对学生的学习结果进行检验，看看它是否达到了体育教学目标的要求。在体育教学的总结性评价中对体育教学过程中教与学的结果进行了强调，进而全面地鉴定被评价者所取得的重大成果，对等级进行区分，对体育教学整个方案的有效性做出价值判断。

7. 体育教学的过程评价

在体育教学开展的过程中，针对教学目标实现的手段与方案开展的评价叫作过程评价。过程评价的主要目的是对目标达成的手段与方法的使用情况进行关心与检查。例如，在对某一个教学目标进行完成的过程中，游戏法与竞赛法哪一个效果更加明显；在某一个动作技能教学开展的过程中，究竟是完整法比较适合，还是使用分解法好；对于某一种技能的学习，是由学生自己探索发现的，还是在同伴的谈论与协作下实现的。所以，过程评价的开展不是在体育教学过程中，就是体育教学设计的过程中。体育教学的过程评价不仅能够促进形成性评价的继续修改，还能够促进体育教学过程中费用、时间与学生接受情况等方面所做的总结性评价的完成。

8. 体育教学的结果评价

针对体育教学活动具体实施以后产生的效果进行的效果评价，就是结果评价。例如，对于某一种体育教学方案的实施效果与某一种辅助性教学设施的使用价值所开展的评价。体育教学的结果评价侧重于对总结性评价的功能进行完成，同时还能够将形成性评价的相关信息提供出来。

9. 体育教学的定性评价

所谓的体育教学定性评价，主要是指针对评价资料展开"质"的分析，是对综合与分析、分类与比较、演绎与归纳等逻辑分析方法进行应用，思维加工所获得的资料与数据，进而开展定性描述的评价。而一般会有两种分析结果出现，其一，描述性材料，存在较低的数量化水平，更为严重的是根据不存在数量概念；其二，同定量分析相结合而产生的，即包含数量化但以描述性为主的材料。

10. 体育教学的定量评价

所谓的体育教学定量评价，主要是指针对评价资料开展"量"的分析，是对统计分析与多元分析等分析方法进行应用，对所获得的资料与数据做出定量结论的评价。鉴于体育教学中人的因素涉及范围比较广，因而使得各种变量及其互相作用具有复杂性特点，所以，为了能够将数据的规律性与特征揭示出来，应该由定性评价来规定定量评价的范围与方向。

三、体育教学评价的改革

体育教学评价的改革具有非常重要的意义，主要包含以下几个方面的内容。

（一）使评价学生应用单一锻炼标准的模式得到改变

绝大多数的体育教师可能都会遇到此种情况，即在体育教学课或者体育活动开展的过程中，一部分学生没有积极的表现。但是根据体育锻炼标准中的体育测试，凭借良好的先天身体素质就能够获得优异体育成绩。这样即便不够努力也能够取得较好成绩的情况，对于那些身体素质先天较弱，但是却一直积极参与的学生而言，是一个严重的打击。所以，使评价学生应用单一锻炼标准的模式进行改变势在必行。

体育课的成绩应该不仅仅是一个方面的，如果评价的时候将锻炼标准作为唯一的评价方式是不够全面的。因此，按照体育课程评价改革的精神，对于新颁布的学生体质健康标准充分利用。不仅能够将其作为一种学生体质强弱测试的标准，还能够将其作为一个学生进步程度的参考。例如，在学生刚刚入学的时候，就组织学生进行体质方面的一次摸底测试，并且在学生的个人档案中将测试的结果记录下来，保证每一学年开展一次测试，同时比较测试的结果，使学生体质提高的情况得到反映，这也将作为学生进步程度的一个评价内容。

（二）改变以教师为唯一评价执行者的评价机制，对学生进行多方位的评价

在传统的体育教学过程中，教师主导了评价活动，导致学生的地位一直是被动，

甚至是毫无存在感的。作为体育教学活动的主导者，体育教师需要对学生的身体素质基础、运动能力状况进行了解，并且按照学生的学习情况与锻炼表现对多种针对性的评价活动进行开展，进而使学生的积极性得到充分调动，促进体育课目标的尽快实现。伴随"水平目标"的逐渐设立，体育教师的教学任务在每一个阶段都会发生改变，因此，也要保证体育教学方式和方法的应用、体育教学内容的选择和多样化的发展。在新时期的体育教学过程中，我们在对评价内容进行设计的时候可以从运动技能、运动参与、身体健康、心理健康与社会适应等五个方面进行考虑。

（三）对过程评价与结果评价相结合的方法进行应用，使学生学习积极性得到提高

在传统的体育教学评价中主要针对学生的学习结果进行评价，重视学生在各项运动中取得的最终成绩，而对于学生整个学习过程的评价则没有重视。所以，导致评价的有效反馈功能逐渐失去，对激励学生学习，阻碍体育教学效果提高与体育教学改进方面并没有多大的作用。

所谓的过程性评价，就是对各种评价的工具与方法进行利用，对于体育教学的各个方面经常性评定，同时还要将结果向学生及时地反馈，促使学生对问题尽早发现。现阶段，我们不仅仅要调整体育教学评价的内容，还要在平时的评价中，对学生的练习过程直接进行评价。

此种评价方式的存在，不仅能够保证大多数学生对于整个体育学习过程认真的、积极的对待，还能够对一部分学生凭借线条身体素质条件而消极学习的情况有效防治，此外，还能够对那些先天身体素质差却很努力地学生进行有效鼓励。

（四）按照新课程倡导的质性评价方法，对体育课特有的教学环境资源积极开发

体育课与其他学科对比有着很大的弱势，这种弱势是由于多方因素引起的。可对于这次的课程改革，体育对于其他学科来讲，拥有的课程资源优势得天独厚。课程改革基本上涵盖了所有的学科，要求他们能够使学生的互相协作能力、社会适应能力与人际交往能力得到提高。对于其他学科，由于受特定教学范围的影响，安排的内容只能限制在本班级范围内，而恰恰是这种局限性限制了学生这些能力的提高。

相关的心理学研究得出，如果人在同一种环境中停留的时间较长，那么此种环境会降低对他的刺激，直到最低的状态，这就是我们常说的适应。这也是即便教师大声地、极大的讲课，但是，只要外界出现声音，哪怕是非常非常的小，也会吸引学生的注意力，使他们转投往外看的主要症结所在。对于体育课而言，教学的载体与教学的环境也可以是多样化发展的，甚至可以与其他年级的体育教师互相合作，以促进学生的相互协作、社会适应能力、人际交往能力的共同提高。使学生学会走出自我，参与其他

各类体育活动；学会从他人中获取健身知识；学会对"体育运动"这个载体进行应用，来使自身的人际交往能力得到提高。

所有评价内容的确立、方式方法的应用，都会存在一定的变化，它会受到学习阶段深入与水平目标提高的影响，并随之发生改变，此外，还能够按照体育教师的教学习惯来对其进行改变，在不同的班级中，对于不同的学习群体，也可以对不同的评价方式方法进行采用。我们是所有选择体育教学内容，应用评价方式方法，主要目的在于开展体育课程并激发学生运动兴趣，使其自觉、自主参与体育锻炼的习惯与坚韧不拔、顽强勇敢意志品质的形成，保证学生身体方面、心理方面与社会适应能力方面等全面、健康、和谐地发展，进而使学生的整体健康水平得到提高。

第七章 体育专业人才培养内容和方法

第一节 体育教育专业研究内容与方法

长期以来，以培养体育教育人才为初始目标的体育（教育）专业是体育学类专业体系的传统专业，是普通高等体育院系得以存在、发展的主体或支撑专业，由于它对学校体育教育具有直接或间接的作用，对该专业改革问题的研究历来受到我国学校体育主管部门以及体育学术界的重视。不可否认，现行体育教育专业的课程模式在培养体育教育人才方面曾经做出过重要的贡献，然而随着教师专业化运动的展开以及学校体育的飞速发展，体育教育专业课程模式赖以存在的历史条件发生了巨大变化，特别是当前基础教育体育（与健康）课程改革对体育教师教育提出的一系列挑战，使得改造和重建体育教育专业课程体系的必要性和紧迫性日益显现。于是，要求理论界研究体育教师教育实践中提出的新问题之呼声日益强烈，要求实践界关注并推行新理论的舆论也日益高涨。无疑，这为 21 世纪推进中国体育教师教育理论与实践的结合并实现"质"的超越提供了重要的契机。然而，契机的存在并不意味着问题必会得到解决。

现实的关键是我们如何运用现有的新理论和新经验使这些由来已久的问题得到重新解读并进而实现超越。

体育教育专业作为师范专业教育的一种，就是在教育方案要按体育教学的性质和体育教师专业化发展的要求去规划、实施。由于专业是按特定方向组织起来的课程体系，也就是说，按一定方向组织起来的课程体系就是专业的实体。从教育内容的视角看，以往体育教育专业课程改革中的一个问题就过于强调"学科"与"术科"的比例，这种比例之争源自"师范性"与"学术性"之争。其实，不仅"术科"中有师范性问题，"学科"中同样也有"师范性"问题。对"学科""术科"比例的过分强调，隐含的前提仍是基于一次性本科教育即可培养优秀体育教师的理念，这种理念并不把体育教学工作看作专业性工作，也不把体育教师看成是需要不断学习和探索才能趋于成熟的专业人员。实际上，"学科"与"术科"只是体育教师专业发展多内涵中的一个方面。因此，体育教育专业的专业化取向从根本上说还要通过相应的专业课程体系来体现和落实。

一、体育教育专业课程中"学科"的相关研究

借鉴体育课程的理论成果和其他学科的经验，根据体育课程的发展现状和学科特点，体育课程中关于"学科"方面的研究内容和方法大致有以下几个方面。

（一）转变观念，体育教育科学引导学校体育发展

在我国体育教育科学的曲折发展历程中，要么是把西方国家的相关理论搬过来，要么是把体育教育科学当作教育方针政策进行汇编或诠释，致使体育教育科学是那么被人看不起。一直以来，体育教育学类学科整体水平较低，落后于我国学校体育的实践，无法获得作为凸显体育教师专业性的理论支柱地位。比较来看，我国以"金牌战略"为中心的竞技体育发展很快就确立了科学训练的发展思路，建立了包括一般训练理论、项群训练理论以及单项训练理论的完整体系，努力探索科学选材、科学训练、科学比赛和科学管理的途径与方法，道理似乎很简单，在国际竞技体坛上很多运动项目的赛事纪录逐渐接近人体极限的背景下，提高竞技比赛成绩并获得比赛胜利仅仅依靠增加政治思想教育和运动量的老经验无济于事。因此，凸显体育教育科学的核心地位，确立体育教育科学引导学校体育发展的思路非常重要。

具体来说，包括 3 个方面的内容。一是体育教育研究扎根体育教育实践，体育教育科研人员应该更多关注体育教育而不是体育学和教育学。教育学科的发展，在很大程度上取决于教育科学的价值被认识、被理解的程度，而这种被认识、被理解的程度则取决于需要，教育是否需要教育科学，教育科学是否有作为与教育。如果说，教育科学的困境在很大程度上是发生于深重的理论与实践之间的文化隔离，那么走出困境的根本就在于消除隔离，创造"天堑变通途"的良性发展基础。所以，体育教育科研人员应该切实担负起理论创新和实践指导的双重责任。二是体育教师成为研究者。当今，体育教师不再只是传授运动技术技能的专门家，而是教育和培养未来高素质人才的专门家，教师不再是教书匠，不再仅凭熟练掌握的有限知识和肤浅的教学操作方法来教学，而是着眼于学生终身体育意识与能力的获得，并进而实现自身素质的全面发展。三是各个部门理顺机制，团结合作，共同致力于体育教学科学化。我国"奥运战略"之所以取得举世瞩目的成绩与各方面的齐心协力是分不开的。体育教学科学化也要求教育行政管理部门、教研部门、教师培养机构、教师培训机构改变相互隔离的状态，并形成相互支持与促进的协作关系。

（二）突出学科特色，建构新的体育教育学科课程内容体系

体育教育学科不只是一般教育学、教学论理论的直接套用，也不是运动训练理论的简单演绎，它亦有自身的理论。体育教育学科是研究体育教育教学规律及其应用的一门学科。它的研究对象是体育教育教学系统，即体育教育教学中教与学的联系、相

互作用及其统一。显然，体育教育学科是植根于体育教育教学之中发生、发展的，是体育学科建构与教学发展及其理论研究和实践检验、完善的结果。然而，如同学生学习的认识活动与人类普遍的认识活动关系有相同又有区别意义一样，体育教学过程和其他文化课教学以及运动训练过程不同，有其本身的特殊矛盾性，从而构成了它区别于其他学科教学过程以及运动训练过程的本质属性。无论是普适性的教育规律还是情境化的教育意义，体育教育学科必须明确自身的层次定位，避免用大概念来解释小问题，不能简单引用不属于体育教育教学过程所特有的其他层次的一些教育教学规律，这样才能真正凸显出自身学科特色。从学科内容上看，它主要有以下几个特色：①独特性。虽然我们也不主张将体育教育从整个教育教学孤立出来并通过与其他学科划定界限，但体育教育学科应该更鲜明地反映其所独有的特性与规律。②实践性。体育教育学科应该致力于对体育教育教学各种实践活动的描述、归纳和解释。③时代性。体育教育学科内容应该体现时代性，反映当代社会对体育教育的要求与需求内容。④国际性。体育教育学科内容应该具有国际视野，特别要对发达国家体育课程和教学的发展历程、现状、特点及发展趋势进行介绍、分析与改造。

（三）凸现专业特色，形成新的体育教育学科结构体系

只有强化体育教育学科类课程建设，才能真正发挥体育教育学科在体育教师专业化中的作用。体育教育学科体系的构建与完善是体育教师专业化或培养专业化体育教师的理论前提，而且这种理论支撑和指导并不仅仅局限于本科阶段，而是贯穿于体育教师专业发展的全过程。体育教育学科必须满足作为理论的解释功能和指导功能。同一般科学理论一样，体育教育学科一方面要具有解释功能，即对体育教育教学现象进行解释，揭示体育教育教学现象的本质；另一方面要具有指导功能，即对体育教育教学实践具有指导意义，换句话说，体育教育学科要关注理论的具体化和操作化，能解决体育教育教学中的实际问题。体育教育学科的构建至少应包括3个层面或领域：第一，从哲学意义和原理意义上探讨体育教育与人的身心发展、与社会发展的关系，探讨体育教育目的任务、内容及原则方法的关联性。第二，探讨体育教育内容的选择与组织实施和评价问题，即体育课程的编制问题。第三，体育教育方法与体育学习方法的统一问题，以及各自的特殊性问题。这样构建的体育教育学将会是一个学科体系，它可能会有体育教育史、体育教育目的论、体育课程论、体育教学研究、体育（运动）学习论、体育方法论、体育教育评价论等多个分支领域。就其具体的课程内容而言，不必刻意追求单一的理论课程模式，如体育教学论可以将其分解为若干学科群，如体育教学基本理论、体育教学技能训练、体育教学实习（包括模拟实习）等。

（四）加强师资队伍建设，实现内部资源共享，提高体育教育类课程教师素质

加强体育教育学科研和师资队伍建设是实现学科良性发展的突破口。在队伍建设方面，一是要注重培养和引进学科带头人。体育教育学科的学科带头人必须是体育教育领域的专家，必须具有相关的学术背景，不能满足于只要是"体育理论"的专家即可担任，那样只会弱化体育教育学科研和师资队伍。二是加强协作，注重吸收其他学科教育教学的有益养分。高校里的课程改革、师范教育中教师的培养都已不是学科单一化训练所能奏效，这些都要求学科教学论体系发生学科综合改变。在高等师范院校，各个专业都会设置学科教学论教研室，体育学科的学科教学论教研室应该加强同院校内部各院系同类学科科研组织的横向联系。高师院校要改变那种科际之间"老死不相往来"的现状，变行政组织管理模式为学术组织管理模式，充分利用教育资源形成集团优势，应以教科院课程与教学论有关教研组织为基地将分散在各院系的学科教学论教师凝聚起来，设立学科教学论研究中心等组织，实现不同学科、不同层次教学理论的交流和整合。其次，是加强与高校体育教师的纵向联系，体育教育学类课程教师只有将自己的教学、科研植根于学校体育的土壤中，才能使自己的教学与科研获得持久的动力。

二、体育教育课程中"术科"的相关研究内容

在新的历史条件下，我国体育教育专业的术科课程必须实施有效的改革以顺应体育教师教育发展的潮流。

（一）明确学科定位

明确术科的学科定位，改变长期以来各自为战、单兵突进的格局，是术科发展的前提。首先，"任何一个运动项目，无论其本身技术动作如何多样，战术如何复杂，它本身并不具备构成学科的条件"。新中国成立以来，体育科学界的一个奇怪现象是，我们一方面无视或否认"术科"的科学知识性而将其孤立于知识性学科之外；另一方面却盲目地拔高"术科"的学科地位。于是，一度以单个项目为单位的"学科"林立，出现了"排球学科""足球学科""体操学科"等其他国家高等体育院校中罕见的以运动项目为"学科"的现象。这种出于提高"术科"学术地位将运动项目提升为"学科"的愿望，由于逻辑起点的把握不准，不仅初衷难以达成，反而促使我国体育科学体系结构混乱，也自我降低了体育科学的成分和学术地位，而且这一做法还不利于高等体育教育与国际接轨以及与国际体育学术界的交流。

其次，单项教学与训练理论作为专业方向不能单独设置专业。在教育学门类中有个一级学科，在体育学一级学科中有 4 个二级学科，分别是体育人文社会学、运动人

体科学、体育教育训练学、民族传统体育学，在体育教育训练学的二级学科中又有两个三级学科：体育教学理论与方法、运动训练学。高等学校里的各种专业就是以二级学科为依据设置的，显然，各单项行程的教学与运动训练理论仅属于三级学科运动训练学下的专业方向。体育人才的培养必须要考虑到其学科基础，将某单个术科作为专业方向显然不能单独作为专业设置，也无法就此设计出课程体系。我国一些学者已注意到了专业设置的依据问题并对其已有较深入的研究，但倾向于强调社会需求对专业设置的作用，认为社会对不同规格专业人才的需求决定着学校的专业设置。而社会需求仅是专业设置的依据或动力之一，其本身并不能起决定作用，因为高等教育的专业并不能抛开个人的知识、能力结构，至今体育界几乎无人统领一级学科甚至极端缺少二级、三级学科带头人的现实恐怕与此不无关系。将某术科纳入专业设置和课程体系必须明确将专业基础课程在一级学科中设置、专业课在二级学科中设置，方向或选修课才涉及三级学科，至于各单项专业领域的课程拓展就只能是选修课。

（二）整合术科内容

从我国体育院系的各专业课程体系来看，分科课程占据绝对地位。近年来伴随着体育科学体系的发展，新的学科不断出现，运动项目也随着大众体育的发展、全民健身活动的推动不断出现新的项目。在给体育专业教育提供丰富资源的同时，由于认识不足而往往以一一对应的方式分学科设课、按项目设课，从而给专业课程的设置带来了问题，典型的表现就是课程门数的膨胀和课程时数的激增。解决问题的关键就在于实施课程综合化。就术科课程的整合而言，项群训练理论的思想和方法具有重要作用。项群训练理论是揭示具有共同特点的项目群组训练规律的科学理论。1983年，田麦久教授等根据不同分类体系在运动训练理论研究和训练实践中的适用范围和应用价值，选择了决定运动员竞技能力的主导、运动项目的动作结构以及运动成绩的评定方法这3个主要分类标准，建立了3个独立而又紧密联系的分类体系，而且在各个体系中所划分的项群论基础是"项群"，它是运动项目的类属聚合，是一种科学的运动项目分类方法。虽然项群训练理论主要适用于针对高水平竞技运动的管理和训练，但它关于运动项目的综合分类方法对于体育高等教育的术科课程研制也具有借鉴意义。一方面，项群理论给各单个项目提供了一个向学科转化的中介支点，通过这一支点使得各单个项目的"理论"在项群这一平台上实现相互融合和发展，进而具备学科的条件；另一方面，就技术学科领域而言，将主要课程相关或共同的教学训练的方法、原理及竞赛知识提取出来，形成有关的课程如"运动竞赛法的组织和编排""裁判学""运动技能教学与训练""运动竞赛方法、原理"等课程，避免了各自单独开设时相互间的低水平重复。体育课程"一项多能"和"多能一项"的特性为体育教育专业术科课程实现整合提供了可能。体育学科的特点之一就在于体育课程教材体系的非逻辑性结构，即一个项目教材内部的知识技能体系或者某些相近项目之间的某些逻辑关系，可能有先行后继、基础与提高的关系，这主要体现在选择和安排这些教材的逻辑体系上，要考虑到从初中到高中、大学的一贯性，但就大量不同性质项目发展起来的体育文化（包括知识、技能、技术和规则）则没有逻辑关系，没有由简单到复杂、由低级到高级这样的认知顺序与关系。举个简单的例子，没有学排球照样可以学篮球。而且，体育教学内容具有"一项多能"和"多能一项"的特性，即一个体育教学内容既可以锻炼身体，又可以培养技能，还可以进行娱乐，具有多功能的特点，反过来，多种教学目标可以通过某一个教学内容的教学达到。这样，高校体育课程并不需要样样都学，体育教师可以根据教学需要灵活地选择和整合教学内容，相应的体育教育专业术科课程也不需要每一项按项目名称设置课程，将高校所开设的项目及活动内容根据某一标准划分为具有共同特性的项群。

学科课程的项群划分必须满足两个条件：同群可替换和异群可互补。虽然高校体育教材内容之间具有相对的可替换性，但从教育教学的角度，这种可替换不能无限制的扩大以至绝对化，学校体育还有全面育人和传承体育文化的义务。因此，体育教材的分类一方面要考虑体育教材自身的特点，另一方面还要考虑教材的文化性和教育性，划分出的项群应该具有"同群可替换"特征，即同一个群内项目及内容在完成某特定教学目标时可以实现互换。体育课程教材的分类还应该具有体育教材"异群"能互补效应，这是体育教材的教育性所决定的。体育教学要贯彻素质教育思想，必须全面提高学生的体育素质，既要重视锻炼学生的身体，增强学生的体质，又要培养学生终身体育的意识和能力，还要提高学生的心理素质和体育文化素养。而某"群"体育活动内容或运动项目在取得教学和锻炼效果方面是有很大差异的，如足球和篮球都有综合锻炼效果，但均缺少上肢支撑和悬垂的动作。从教育教学的角度看，某"群"体育活动内容或运动项目又具有绝对的片面性，必须由其他"群"来进行补充。另外，各"项群"虽然各自均可以同时实现多个目标，但在实现各领域目标的程度上是不同的，其在实现课程目标方面也具有绝对的片面性，还必须考虑其在实现课程目标上的互补。因此，进行体育教材的"项群"分类，异群之间应能够在效应上实现相互补充。体育教育专业的术科课程本身就是面向高校体育教学需要的，二者是彼此联系的，因而术科课程如果进行项群整合也必须满足同群可替换和异群可互补的条件。

（三）术科课程的范式转型

在新的学校体育发展条件下，体育教育专业术科课程必须实现范式转型，由"运动训练模式"转向"教学体验模式"。

首先，重新定位课程目标。体育教育专业术科课程并不是为提高学生的运动成绩，也不是单纯为了使学生提高某个项目的运动技能，而是着眼于学生学会运用术科的"体育手段与方法"有效地进行体育教学，因而应从以竞技运动技术教学为主线转移到以健身教育为主线，使术科健身教育与运动技术教学有机结合。

其次，实现教材体系的重新构建。基础体育教育和全民健身需要的是健身教育和身体锻炼的理论、手段和方法，术科范围广泛，体育院系应根据培养目标和对现代术科必修教材进行分析研究，比较选择，充实各术科锻炼身体、增强体质的原理和原则，充实从各术科引申、加工、改造、组合出来的身体锻炼的手段与方法的内容，构建适应现代社会发展的新的教材体系，使教材充分体现先进性、科学性、时代性和实用性，顺应时代潮流，赋予术科必修课教学以新的活力。此外，术科课程体系针对学科条块分割现象，应打破学科间的界限，采用多种方法如项群整合等寻求教学内容的实质综合，避免依靠扩充课程门数和课时数完成课程目标的单一路径。

再次，改革术科的教学方法，注意与高校体育教学方法的结合与加工。学生在大学本科上所学的教学方法往往并不适用将来的高校体育教学，但是学生往往对大学本科课程所采用的教学方法印象最深刻，因为在高校教材教法课程上所讲授的教学方法因为更多的是理论，常常并不容易掌握和记住。因而必须大力开发各种符合体育教学实际的教法和学法，加强对训练法、练习法"为我所用"的改造。从情感体验、社会交往、锻炼效果、技能学习和认知效果等方面开发不同的教法体系，并与教学过程的改革相结合。对原有体育教育专业术科教学方法进行改造，淡化运动训练成分，强化教学方法传授；淡化细腻的教学过程，强化完整式的教学过程；淡化对生理指标的注重，加强对非智力因素、情感因素的注重等，使体育技术教学更贴近高校实际，使学生不仅获得运动技能水平的提高，而且掌握体育教学中合理选择与设计教学方法、因地制宜对竞技项目实现教材化、因人而异对运动负荷进行安排等将来在高校体育教学岗位上必备的教学能力，将学生各种能力培养的计划、方法、步骤、措施落实到每堂课中，努力提高术科教学质量和教学效率。

最后，重新设计术科课程评价体系。术科课程评价体系应该紧密围绕体育教育专业的培养目标——高校体育教师，着眼于学生运动技术教学能力，考核内容应包括术科理论、技术，健身理论、手段与方法的掌握和运用，各种实际工作能力等，做到全面衡量、综合评定。重视终结性评价与过程性评价、定性与定量、整体评价与个体评价的结合，重视多种评价方法"综合运用"，不仅通过课程评价获得教学反馈信息以及促进学生的自我学习，而且使学生学会评价，即学生在术科课程的教学评价中掌握有关项目的评价方法和技巧。此外，要加强教学评价体系的建设，重视对教学效果、教学过程机制的评价，开发这方面评价的方法，如国外的对"学生对话"的研究、对"触球数"的研究、对态度的研究等。

（四）锻造学术队伍，加强高师体育院系与高校的联系

教师是课程改革的关键要素，这一点对体育教育专业术科课程改革同样适用，锻造术科学术队伍、提高术科师资队伍素质是术科课程改革取得成功的关键。术科教师如果缺乏改革的动力和参与意识，再完整的改革措施也只能停留在纸上。据调查，目前体育教育专业术科教师都是在计划经济体制下、以竞技为主线的课程体系培养出来的，受原来教学指导思想和竞技运动技术知识的限制，技能单一、知识结构偏重于竞技技术，对体育健身和健身教育了解很少，甚至根本不了解。如在某针对术科教师的问卷调查中一个问题"你的专业是什么"的回答上，有近40%的教师将自己所教的专项看成是专业，有10.8%的教师对自己的专业是什么不太清楚，中青年教师表现得较为突出。专业是高等教育理论体系中的一个基本概念，也是一个常用的教育术语，而术科教师中形成的观念是：专项就是自己的专业，而最直观、最能体现专业水平的就是"专项技术"，"专项技术水平"在一定程度上就是专业水平的体现，这种对"专业"认识上的错位和局限性反映出我国术科教师队伍知识结构单一的现状。

术科教师过于狭窄的知识结构会阻碍术科课程改革的深化，很多理论和改革措施往往因为不能被认识、理解而无法运用和实施。因此，必须加强体育院系术科教师队伍建设，努力提高术科教师素质，以适应改革发展的需要。

具体而言包括两个方面的内容。一是加强术科教师的继续教育。术科教师应通过自学、在职进修、脱产培训等多种渠道和形式，不断学习、接受、更新拓宽本专业健身教育的理论、手段和方法，加强专业知识及相关学科知识的学习，不断扩大知识面，并向理论研究方面提升，努力提高自己的理论素养。二是加强对高校体育教学实践的深入了解与研究。过去高师体育院系与高校本身就缺乏有效的联系，而术科教师在学术研究上也更多偏向于各项目的内部体系，缺乏对高校有关教学内容的研究，有些术科教师是对高校体育教学的被动适应，更多的术科教师则对高校在自己所教项目的开展情况、教学方法运用上以及项目教学发展动态并不了解或知之甚少，这样就很难去思考如何培养学生在这些方面的能力，更谈不上去引领高校体育教学改革了。因此，加强术科教师队伍建设也是术科课程改革的重要任务。

三、研究方法的更新

一门成熟的学科必须有属于自己的研究方法，教育学理论在20世纪取得的一系列突破，根本上应归功于研究方法论的创新，这已成为人们公认的常识。从研究方法看，体育教育学科要克服过去方法单一、思维僵化的弊端，转而既尊重从自然科学借鉴过来的实证规范、实验规范，又注重将人文主义研究规范重新重视，使它焕发出新的活力，并进而实现各种研究方法的综合运用，如采用系统研究与分析还原相结合、历史与现

实相结合的方法，经验总结与实验验证相结合的方法，理论建构与行动研究相结合的方法以及多学科不同视角研究的方法等。

在当代，体育已经成为一种社会文化，成为一种成熟的教育领域。体育的内容向着健康教育、心理训练、行为规范教育、安全教育等方面迅速扩展，体育知识和技能的总量也在急剧增长，这对体育教育研究方法提出了更新、更高的要求。现在的体育教育不仅要帮助学生掌握知识和技能，帮助学生学会娱乐、学会锻炼、学会欣赏体育，帮助学生建立自信心、形成良好的行为规范，还要帮助学生形成安全生活的能力等等。因此，体育教育的研究方法也得到了空前的发展，特别是随着投影、电影和计算机等影像媒体的出现，使依赖于运动表象建立的体育学习更是如虎添翼，体育教育方法正向着更高层次、更科学的方向发展。

（一）系统化与综合性

系统化与综合性是高等体育教育专业研究方法体系结构发展的固有特征。系统化体现在这一结构发展的多个方面。该结构内容齐全、方法多样，具有完整性；各种方法各安其位，分类得当，配合合理，具有有序性与层次性；各种方法相对成熟又发展变化，具有稳定性与动态性。高等体育教育专业研究方法结构的综合性发展趋向，除与系统性特征有较密切的关系外，还体现在以下几个方面：不同研究方法都与一定的教育思想相互联系，表现出方法与教育思想的统一性；各种研究方法都与特定研究内容相结合，体现了方法与内容的综合性；一些研究方法有赖于借助特定的手段与工具来运用，反映出研究方法与研究手段、条件的统一性。此外，研究方法的认知功能、情感功能、能力培养功能等多功能的统一也是综合性取向的现实表征。

根据系统化与综合性发展趋向的要求，在我国高等体育教育专业研究方法的改革实践中，一是应树立整体性改革的思想，全方位地更新教育思想观念、修正教育目标、优化课程教材、完善研究条件等，为研究方法改革提供良好的前提条件；二是要以研究方法结构改革为重点，以结构改革带动具体方法改革，通过研究方法的结构改革与具体方法改革两个相辅相成的途径，实现研究方法体系的整体优化。

（二）多元化与扩展化

高等体育教育专业研究方法体系结构，在内容构成与功能发展两方面都呈现出多元化与扩展化的趋势：从内容扩展上看，这一结构中的方法区别从以往的 3 类或 4 类扩展为 6 类方法系列，且各类方法的性质与作用更趋明朗化，表现出多元化的发展趋势；从功能作用方面分析，以往研究方法的作用主要集中于认知或传授功能，而新结构则体现出研究方法的认知、协同、科学研究、能力培养、情感发展、自主学习等多方面功能，表现出明显的功能扩大化与多元化发展特征。顺应上述多元化与扩展化发展趋势，我国高等体育教育专业研究方法改革一方面要不断完善研究方法的分类，加强现代研究方法的引入，促成结构内容的丰富；另一方面应大力研究各研究方法的功能属性，充分挖掘各类方法的潜在功能，并在研究方法运用中实现研究方法功能作用的放大，使各类方法的功能作用得到充分发挥。

（三）科学化与现代化

高等体育教育专业研究方法体系结构发展的另一显著特征是科学化与现代化。"教育要科学化和现代化"，研究方法的发展同样要科学化与现代化。从我们所提出的研究方法体系结构分析，科学化与现代化体现在这一结构的各个方面。如大量现代研究方法入选该结构、分类方法的突破与体系建立的科学依据充足、科技类方法的形成与其他各种方法科技含量的提高、科学合理地继承传统研究方法的精华等，都从不同的侧面反映出研究方法体系结构发展的科学化与现代化实质。

科学化与现代化是国际高等教育研究方法体系发展的大趋势，是当今及未来研究方法改革的必由之路。在高等体育教育专业研究方法的改革中，我们必须坚定地推行研究方法科学化与现代化的改革方针，遵循教育规律，丰富研究理论，研究研究方法的产生与形成规律，大胆引入现代研究方法，合理改造传统研究方法，加大研究方法的科技因素，从而实现在研究方法运用上全方位的现代化与科学化。

（四）专业化与师范性

专业化与师范性是高等体育教育专业研究方法体系结构发展的重要取向之一。高等学校类型多样，专业各异，研究方法体系结构既有相同之处，也有各自侧重，因此，作为体育教育专业的研究方法体系结构理应突出体育专业与师范教育的特点。我们所提出的研究方法体系结构中，各种研究方法都与体育研究中运动技术技能学习和身体锻炼相联系，表现出较为鲜明的专业化特征。而该结构的师范性可从各类研究方法中所蕴含的"教会学生学习"与"教会学生教他人学习"等教育性因素加以体现。此外，该体系结构提出的众多研究方法为体育专业大学生的学习提供了可能与便利，这也是体现师范性的一个重要作用。

但是，体育教育的研究方法的更新和发展，并不意味着一些基本方法的过时和消失，而且某一时期都有反映其特征的、具有代表性和倾向性的方法出现。从这些方法中可以看到，某一时期的社会生产和科学文化的发展状况，也可以反映出体育教育理论和体育教育实践的变革特点。体育教育专业本身就具有综合性，它不仅是体育类专业的一种，又是高等师范教育的专业。虽然体育教育专业本质上是师范专业，但其师范性（专业性）应通过"专业"课来体现，而在专业基础课及基础课中体现一定的综合性也是时代的要求。在体育教师的工作领域——学校，体育问题的复杂性、综合性更为突出，这就决定了对体育教师资格要求的复杂性及综合性，多知识、多能力、高素质成为体育教师规格的集中体现，而培养这种高素质的复合型体育教师，就要求体育教育专业的课程不能忽视综合化，尤其是基础课或专业基础课。因此，加强学生有关研究论与研究法原理的学习，要求学生掌握各种研究与教育的技巧与方法，指导学生向"学会研究"的目标逼近。通过各种渠道与多种途径，使学生专业工作能力、研究能力与教育能力等得到全面提高，以适应毕业后从事学校体育工作的实际需要。

第二节　社会体育专业培养内容与方法

社会体育专业适应运动休闲化、商业化发展趋势，培养德、智、体、美、劳全面发展的体育人才，掌握休闲运动健身原理与方法，具备休闲项目经营管理与策划服务以及健身休闲运动指导等才能，兼具户外休闲指导与救护等知识与技能的高素质应用型人才。

一、专业知识体系

本专业要求学生掌握体育学、管理学和社会学的基本理论及休闲与健身的原理与方法，具备体育健身休闲娱乐管理的基本理论、知识及应用能力；熟练掌握目前流行的休闲健身项目的基本技能，具备休闲体育项目策划与设计、开发与推广以及经营与管理方面的能力。主要课程有体育健身原理与方法、体育管理学、健美操、体育保健学、野外生存与救护、羽毛球、普拉提、网球等。学生能够掌握一门外语，了解国内外休闲体育领域的最新发展动态；具有运用计算机的基本技能。有正确的审美观和一定的文学、艺术欣赏水平；有较强的口头和书面表达能力、社会交际能力。本专业基本学制4年，实行3~6年的弹性学制。学生毕业授予教育学学士学位。

相对于传统教育模式，社会体育专业下的休闲运动方向十分强调运动项目设置的时代性、时尚性以及社会接纳程度。在课程建设上突出休闲运动特色并与市场需求相结合，重点突出实用性。同时在培养过程中对实践环节力求做到前所未有的重视。另外，人才的培养形式不局限于校内传统的理论课、技能课教学，还要求同时结合"师徒式""体验式"培养以及"订单式"进行针对性教学，建立整个人才培养的"多元化"模式。

二、专业技能培养

本专业培养的毕业生应具有知识面宽、专业特长突出、社会实践能力出众、一专多能的特征。各院校同类专业应更加侧重健身健美技能培养和社会实践能力的加强，毕业生能胜任体育健身休闲领域活动的组织与管理、技术指导、经营开发等方面工作。

在人才培养上，提出的目标是"一专一长"，即以坚实的专业知识作为基础，再加上一项突出的特长技能，培养在休闲运动产业中能组织策划、经营管理、教学训练的实际操作型实用人才。进校起即围绕所选定模块进行一条主线培养，重视学生专门技能的培养以及与社会需求的接轨，强调学生在该方向上的实际运用能力，并贯穿始终。

社会体育作为一门直接面对市场的综合专业，正确的培养方向和准确的培养目标是决定专业发展的前提条件，为此应对专业培养模式进行大胆地探索。专业设置秉承培养"精专业、高素质、强能力、复合型应用人才"的办学理念，确立以适应体育社会化、产业化发展，具有社会体育的基本理论、知识与技能，以全民健身指导、运动休闲和体育娱乐市场的开发、经营与管理等行业对专门人才的需求为培养目标。

三、专业课程体系

课程体系是教育者为受教育对象设计的知识结构，它直接关系着学生知识、能力和素质的培养。因此，课程体系的构建应紧密围绕专业培养目标和新型人才模式的要求，以市场为导向，以传授知识为基础，以素质教育和能力的培养为核心，以主干学科和主干课程为支撑，构建合理的知识体系，主要从以下几方面体现。

（一）加强基础课程

培养学生良好的品格、人文素养和现代科学知识等基础素质。

（二）突出专业主干课（或核心课）和专业特色课程

专业主干课程将教授学生本专业必需的、最基本的知识和能力，一般应围绕教育部有关专业规范设置相关的课程，在此基础上可根据学校自身的办学优势和市场需求开设专业特色课、专修课及专业方向课等，使学生在专业的纵向上加深，培养扎实的专业素质。

（三）拓宽选修课程

为培养宽口径和适应能力强的人才，应加大选修课程的比例，开设综合课、跨专业选修课及边缘交叉课等，使学生能够根据个人兴趣与特长拓宽知识领域。

（四）强化实践课程

实践课应贯穿于教学的全过程，并将实践课纳入专业课程的建设之中。在课程体系特色化基础上，搭建教学与实习两大平台

（1）教学平台。社会体育专业的许多课程都应理论与实践相结合，注重实践操作性。教学上尽量缩减相关性较低的理论与术科课程，多开办专业性强的应用课程，如《体育公共关系》《体育市场营销学》《消费者行为心理学》等课程。教学方法上，任课老师采用研讨式、启发式教学，辅之以大量案例教学、课堂模拟等教学方法，以巩固知识、

提高能力,并根据课程内容与进程,适时安排其他相关的社会实践活动。通过专业实习、第二课堂以及实践课教学等环节,强化学生实践能力的培养。学生要在实习实践基地学习的内容、形式中突出体现实践能力的自我培养。

（2）实习平台。对社会体育专业的学生,利用专业知识进行社会实践无疑是重要的、必要的。为了培养学生的实践能力和实现培养目标要求,建立专业实习基地,通过实习锻炼和培养学生的实践能力。与武汉市的舍宾会所、户外运动有限公司、健身俱乐部、体育用品有限公司、俱乐部等体育（用品）公司和体育俱乐部建立起友好合作关系,在全国经济发达地区布点实习基地,为社会体育专业学生实践、实习与就业奠定基础,也为理论与实践结合提供平台。该专业现已与山道健身连锁机构、联动力户外拓展培训机构等多家公司建立了联合实习基地。具体要求如下。

休闲体育管理方向。学生从第三学期即开始参加休闲运动与健身技能培训,第七学期进入实习阶段（自该学期开始,如遇特殊情况,教学平台所设置的课程可作适当让步,以保证学生实习顺利完成）。

户外休闲与救生方法。学生第四、五、六学期分别安排体育市场营销和管理方面的实践见习活动。该项实践活动旨在将所学的相关理论与方法运用于实践,同时让学生了解社会,了解市场,增加阅历,增强学习信心,树立牢固的专业思想。实习平台成果通过实习报告体现,按具体要求计算学分。

第三节　运动训练专业学习内容与方法

一、培养目标及规格

培养德、智、体、美全面发展,具有现代教育理念和运动训练素养,具备竞技体育的基本理论、基本知识和较强的实践能力与创新精神,能胜任专项运动的教学、训练、竞赛、科研和管理等工作的专门人才。具体培养规格如下

（1）掌握马克思列宁主义、毛泽东思想、邓小平理论的基本原理和"三个代表"重要思想,熟悉国家有关教育、体育工作的方针、政策和法规,热爱教育事业和体育事业,具有良好的思想品德和道德修养。

（2）掌握专项运动教学、训练、竞赛、管理的基本理论与方法,具有较强的创新意识、自主学习能力、实践能力和社会适应能力。

（3）了解运动训练、专项教学的发展动态以及体育科研的发展趋势,掌握基本的科研方法,并具有从事体育科学研究的初步能力。

（4）初步掌握一门外语，具备应用计算机处理信息的基本能力，能使用普通话交流，并达到相应的考核要求。

（5）具有健康的体魄和心理，养成良好的卫生习惯和健康的生活方式。

（6）树立社会主义荣辱观，具有感受美、表现美和创造美的情感与能力。

二、教育内容

（一）总体要求

适应当前我国经济社会快速发展，进一步深化高等学校本科教学改革，全面提高教学质量的新形势、新任务及其对本专业人才培养提出的要求。坚持树立科学的质量观，强调人才培养的厚基础、宽口径、高素质、广适应，不断提高人才培养质量。

适应科学技术与多学科知识向竞技体育领域渗透和运动训练科学化的发展趋势，推进在教学内容、课程体系、实践环节等方面对专业人才培养模式的综合改革与创新，促进人才培养的多样化、全面性和应用型。按照国家对专业建设的要求，大力加强专业内涵建设，在进一步拓宽专业口径的基础上，引导合理、灵活地设置专业方向，注重形成专业特色，优化人才培养结构。

（二）基本结构

根据本专业人才培养目标和培养规格，为使学生达到知识、能力和素质的全面协调发展，教育内容由通识教育、专业教育和拓展教育三大模块及16个类别的知识体系构成。三大模块的教育内容应成为一个有机的整体，构建课程体系必须综合考虑，统筹兼顾，合理安排。

三、主干课程介绍

（一）体育人文社会学基础类课程

体育人文社会学基础类课程是以体育运动中人的社会活动和心理活动为对象，研究体育运动的本质和基本特征，论述学校体育的原理、方法及其基本规律，阐明体育运动的社会作用、价值及现象，揭示体育运动中的心理表现特点及其基本规律，促进体育运动更科学、更有效地开展人文社会科学类课程。

这类课程的总目标是：通过课程教学和实践活动，使学生掌握体育人文社会科学的基本理论和基本知识，熟悉我国体育工作的相关方针和政策，形成正确的体育价值观，提高体育人文素养，学以致用，具备分析和解决体育运动中实际问题的能力。

这类课程教学的主要内容包括体育的概念与本质，体育的价值与目的，体育运动的过程与基本规律；学校体育的结构、功能和目标，体育教学的原则与基本方法，体育与健康课程标准；体育与社会结构，体育与社会运行，体育社会问题；运动兴趣动机及运动起因，体育运动中的目标定向与目标设置，提高运动训练与体育教学效果的心理学方法等方面的基本理论与方法。

（二）运动人体科学基础类课程

运动人体科学基础类课程是以体育运动状态下的人体为对象，揭示体育运动过程中人体形态结构、生理功能、能量代谢变化规律及其适应机制的自然科学类课程。

这类课程的总目标是：通过课程教学和实践活动，使学生掌握运动解剖学、运动生理学、运动生物化学等方面的基本理论、基本知识和实践技能，树立正确的科学观，提高科学素养，具备综合运用所学知识分析和解决实际问题的能力，为培养能胜任专项运动教学、训练等工作的专门人才奠定运动人体科学的基础。

这类课程教学的主要内容包括人体形态结构与运动、人体生理功能与运动、人体运动与适应的生化基础等方面的基本理论与方法。

（三）一般运动训练理论与方法类课程

一般运动训练理论与方法类课程是以体育运动训练过程及其现象为对象，研究竞技体育学的相关理论与方法，揭示运动选材、运动训练与管理、运动训练诊断与监控等活动过程的基本规律，促进体育运动训练更科学地开展的综合性应用类课程。

这类课程的总目标是：通过课程教学和实践活动，使学生掌握运动选材学、运动训练学、运动训练监控、运动训练管理学等方面的基本理论、基本知识和基本技能，了解一般运动训练的发展动态，树立现代训练理念，提高专业知识素养，并培养学生理论联系实际、综合分析和解决运动训练中实际问题的能力，为将来从事运动训练实践活动奠定相关的理论与方法学的基础。

这类课程教学的主要内容包括运动员选材的遗传学基础，主要运动项目的选材标准和方法；运动训练的目的、意义、原则、内容、方法和组织设计；运动训练监控的目的、意义、内容和方法；运动训练管理的基本原理、原则、方法、计划、组织和控制等方面的基本理论与方法。

（四）专项运动训练理论与方法类课程

专项运动训练理论与方法类课程是以体育运动某一专项训练的过程及其现象为对象，以多种训练内容为基本手段，以促进运动员专项竞技能力提高和身心全面健康发展为主要目标，研究专项运动训练的相关理论与方法，揭示专项运动训练的基本规律与特征，促进专项运动训练活动更加有序化、科学化发展的体育实践性课程。

这类课程的总目标是：通过课程教学和实践活动，使学生掌握专项运动训练的本质特征、组织策划、过程控制、方法手段运用、专项技术动作分析等方面的基本理论、基本知识和基本技能，了解专项运动训练的发展动态，具有从事专项运动训练与教学、竞赛组织等工作的基本能力。

这类课程教学的主要内容包括专项运动训练的基本体系和主要特点，专项运动选材，专项运动训练计划制定，专项运动训练的内容和方法，专项技术诊断和分析，运动员参赛能力培养，专项运动训练评价，儿童、青少年和女子专项教学训练特点等方面的基本理论与操作方法。

（五）体育科学研究基础类课程

体育科学研究基础类课程是以体育运动中的各种现象为对象，论述体育科学研究的相关理论与方法，探索体育领域中尚未掌握的知识和规律，检验现今体育运动中所依据的学说和理论，并将其应用于体育运动实践之中，进而揭示体育内部和外部规律的创造性实践课程。这类课程的总目标是：通过课程教学和实践活动，使学生掌握体育科学研究、体育统计学等方面的基本理论、基本知识和基本技能，树立创新意识和精神，提高体育科研素养，积极参加体育科研活动，培养思考、分析、解决问题的能力，为完成毕业论文和将来踏上工作岗位从事体育科学研究活动提供直接的指导与帮助。

这类课程教学以传授体育科学研究过程中各环节的操作方法为主要内容，包括体育科学研究选题的原则和方法，体育科学研究设计，研究计划制定，资料的收集、整理和分析，体育科学研究论文的撰写和评价以及数据统计处理等方面的基本理论与方法。

第八章 高校体育实践能力培养

第一节 篮球运动

篮球运动于 1891 年由美国马萨诸塞州斯普林菲尔德市基督教青年会的训练学校体育教师詹姆斯·奈·史密斯博士借鉴其他球类运动项目设计发明的。起初，他将两只竹篮钉在健身房内看台的栏杆上，竹篮上沿离地面稍高于 10 英尺，约 3.05 米，用足球作比赛工具，任何一方在获球后，利用传递、运拍将球向篮内投掷，投球入篮得一分，按得分多少决定比赛胜负。1892 年，奈·史密斯制定了《青年会篮球规则》共 13 条，比赛时间规定为上、下半时各 15 分钟；对场地大小也做了规定；上场人数由每队 9 人、7 人，到 1893 年决定为 5 人。随着篮球运动在美国国内的推广和开展，场地、器材也不断改进，逐渐形成近似现代的篮板、篮圈和篮网。

由于篮球运动是一项室内、富有吸引力的新颖的运动项目，不仅在美国国内得到很快地发展，而且也相继传播到欧、亚、南美洲等一些国家。1904 年，美国青年会男子篮球队在第三届奥运会上进行了表演赛。此后，篮球运动逐步在各大洲开展起来。1932 年在瑞士日内瓦成立了国际业余篮球联合会，并正式出版了第一本国际篮球规则。1936 年第十一届奥运会将男子篮球列入正式比赛项目，篮球运动登上了国际竞技运动舞台，成为一项世界性的运动项目。

一、篮球基本技术与练习方法

（一）移动

移动是队员在比赛中改变位置、速度、方向和争取高度时所采用的各种脚步动作的统称。

1.基本技术

（1）起动

起动是队员在场上由静止状态变为跑动状态的一种脚步动作。突然快速起动在比赛中运用最多，是摆脱对方最简单、最有效的方法。起动时，前脚掌要短促而迅速地用力蹬地，使动作具有突然性。起动的前几步要幅度小而快速，同时上身迅速前倾或侧转，向跑动方向转移重心，手臂协调摆动，能在最短的距离内充分发挥速度或以起动超越对方。

（2）变向跑

变向跑是队员在跑动中突然改变方向并加快速度来摆脱防守的一种方法。变向时，上身稍向前倾，同时右（左）脚前脚掌内侧用力蹬地，随之腰部扭转，上身向左（右）前倾，移动重心，左（右）脚向左（右）前方跨出一小步后，右（左）脚迅速同左（右）腿的侧前方跨出一大步，继续跑动。

（3）侧身跑

比赛时，队员在跑动中为了更好地摆脱或超越对手，同时观察场上变化的接应队员，经常采用侧身跑。侧身跑时，头部和上身放松地向球的方向扭转，同时侧肩，脚尖朝着跑的方向，既要注意观察场上情况，又要保持奔跑速度。

（4）急停

跨步急停：队员快速跑动到最后两步时，先向前迈出一步，用脚后跟着地并过渡到全脚掌抵住地面，迅速屈膝，同时身体稍向后仰，转移重心，减缓向前的冲力。第二步着地时，身体侧转，脚尖稍向内转，用前脚掌内侧蹬地，两膝弯曲，重心落在两脚之间。跳步急停：队员在近距离慢跑中，用单脚或双脚起跳（离地不高），上身稍后仰，两脚同时落地。落地时用前脚掌内侧着地，两膝弯曲，下降重心，保持身体平衡。

（5）转身

前转身：一脚从中枢脚脚尖前绕过移动为前转身。如向左做前转身时，左脚为中枢脚，右脚前脚掌用力蹬地，同时上身向左转动。

后转身：一脚从中枢脚跟后面绕过移动为后转身。如向右做后转身时，左脚为中枢脚，身体重心移到左脚，右脚前脚掌用力蹬地，同时上身向右转动。

（6）滑步

前滑步：由前后站立姿势开始，向前滑步时，前脚向前跨一小步，与此同时后脚用力蹬地向前滑一步，保持站立姿势。注意屈膝降低重心。

侧滑步：由两脚平行站立姿势开始，向左侧滑步时，左脚向左跨出，落地的同时，右脚蹬地滑动，跟随左脚移动，保持屈膝低重心的姿势。身体不要上下起伏，两脚不要交叉，重心要落在两脚之间。向右侧滑步时动作相反。

（7）后撤步

前脚掌内侧用力蹬地，重心后移，然后将前脚移至后脚的斜后方，紧接前滑步，保持防守位置。

2.练习方法

（1）基本站立姿势（面向、背向、侧向），听或看信号起动跑的练习。

（2）自抛或别人抛球后，迅速起动快跑，把球接住。

（3）成一路纵队，采用全场"之"字形急停急起。练习时，一队员急停变向后，第二名接上再做，依次进行。

（4）看手势做前、后、侧滑步，后撤步练习，全场"之"字形滑步练习。

（5）两人一组，一攻一守练习。

（6）两人一组，一人运球做各种变向、变速运球，另一人根据对方运球做出相应的防守动作。

（二）运球

运球是篮球比赛中个人进攻的重要技术，是组织全队进攻战术配合的重要桥梁。运球练习可以提高控制球、支配球的能力。经常做各种运球练习，不仅可以提高运球技术，而且对传接球、投篮等技术都有很大的促进作用。

1.基本技术

（1）急停急起运球

在防守较紧的情况下，运球向前推进时，可利用急停急起的变化来摆脱对手。动作方法：在快速运球中，突然急停时，手拍按在球的前上方。运球急起时，要迅速起动拍球的后上方，要注意用身体和腿保护球。

技术要点：运球急停急起时，要停得稳、起得快。

（2）前变向运球

当对手堵截运球路线时，突然向左或向右改变运球方向，摆脱防守的运球方法。动作方法：以右手为例，运球向右侧前进，遇到对手堵截前进路线时，右手拍球的右上方使球从体前弹向左侧。同时右脚向前跨，上身向左用肩挡住对手，然后换左手按球的后上方，左脚跨出，从对手的右侧继续运球前进。

技术要点：手、脚、肩、身体协调配合。

（3）虚晃运球

在对手堵截运球路线时，不换手的横运球，改变运球路线，摆脱防守的运球方法。动作方法：运球假动作突破是运球队员利用腿部、上身和头部虚晃，佯作运球动作迷惑对手，使其产生错误判断而做出抢球动作。当其一侧露出空隙时，立即运球突破，左晃右过，右晃左过。

技术要点：手按拍球的部位和拉拍球的动作要连贯。

（4）背后运球

这是在运球前进中，当遇到对手堵截一侧时，而且距离较近而无法采用体前变向运球时，所采用的一种运球方式。

动作方法：以右手运球，向左侧变向为例。变向时，右脚在前，右手将球拉到右侧身后。迅速转腕拍接球的右后方，将球从身后拍按至身体的左侧前方，然后用左手运球，左脚向前，加速前进。

技术要点：手拉拍球的右外侧，手、脚、腿及身体协调配合。

（5）转身运球

当对手逼近，不能用直线运球且体前变向运球突破时所采用的一种运球方法。动作方法：变向时，左脚在前为轴，做后转身。同时，右手将球拉至身体的左侧前方，然后换手运球，加速前进。

技术要点：蹬地、转身，拉引球、拍球动作协调。

（6）胯下运球

当防守队员迎面堵截时，用这种运球摆脱防守方法。动作方法：当防守队员迎面堵截，贴得很近时，以右手运球为例。变向时左脚在前，右手拍按球的右侧上方。将球从两腿之间运至身体左侧然后上右脚，换手运球，加速。

技术要点：拍按球的右侧上方，球从两腿之间穿过，上步、换手要协调。

2.练习方法

（1）原地运球：听哨音或看手势，做各种运球练习，体会运球动作，增强手感，逐步提高控球能力。

（2）直线运球：分两组或多组，成横队站于端线处。第一组持球行进间高运球至另一端线，返回时换左手运球，然后将球交给下一组，轮流进行。

（3）变向换手运球：身后运球转身，都采用每人一球，从端线的一边行进间"之"字形依次运到另一边。

（4）对抗练习两人一组一球，全场一攻一防，进攻者采用各种运球方法，从一端攻到另一端攻防交换。

（三）传球、接球

传球、接球是实现战术组织配合的基础，它能把5名队员融为一个整体，充分发挥集体力量，体现篮球运动特点。巧妙准确地传球，能打乱对方防御部署，创造更多、更好的投篮机会；若接到传球后直接投篮得分，则这个传球被称为"助攻"。稳定牢靠合理的接球，能弥补传球的不足，从而很好地完成传球、突破、投篮等动作。

1.基本技术

（1）持球手法与传出后的手形

手法：根据手的大小，两拇指八字或一字相对，手指展开拿球。手心不应触球。

（2）持球姿势与方法

持球基本姿势是可投、突、传的三威胁姿势。它的动作要领：脚尖正对篮圈，前后开立，屈膝，背要直。躯干要对篮，球放在胸前，抬头看防守及观察场上情况。

（3）传球技术与方法

传球由动作方法、球的运行路线和球的落点构成，这是评价传球质量的重要指标。①双手胸前传球。双手胸前传球是一种最基本而又最常用的传球方法。这种传球快速有力，可在不同方向、不同距离中使用，而且便于和突破、投篮等动作相结合。动作方法：以基本姿势站立，双手持球，向传球方向迅速伸臂、抖腕，同时身体向传球方向移动。初次练习传球时，应向前跨一步以帮助传球。技术要点：手臂前伸与手腕后屈的协调，伸臂与拨腕指的衔接。②双手头上传球。双手头上传球出手点高，便于与头上投篮相结合，与突破、运球等技术相结合使用时，增加动作的幅度，所以它适于高大队员使用。动作方法：传球时应将球举过头顶。使用双手持球，球高过前额，目光集中在传的点上，双手朝向传球的方向，应意识到对手可能会封盖传球。通过抖动指腕将球传出，球就呈直线传到同伴手中。技术要点：摆臂与拨腕指的衔接。③单手肩上传球。单手肩上传球是最基本的传球方法，而且是经常运用的一种远距离传球方法。动作方法：由持球基本姿势开始，右手腕向右肩处翻转，到达合适传球位置后，以肘关节为轴，借助下肢蹬转或腰腹转动的力量，顺势带动前臂的挥动。手腕、手指前屈，球通过指端旋转传出。技术要点：展体挥臂和蹬腿与身体重心前移的协调连贯。④单手体侧传球。这是一种近距离隐蔽传球的方法，外围队员传球给内线同伴时常用这种方法。动作方法：持球经身体侧后方弧线向外伸展手臂，以肩为轴向前摆臂，当手臂侧伸较充分时，及时扣、拨腕指将球传出。技术要点：体侧弧线引球，摆臂制动与拨腕指的衔接。⑤反弹传球。这是最常用的一种近距离隐蔽传球方式，是小个队员对付高大防守者或中锋传给往球篮方向切入的同伴的有效手段。动作方法：双手掌心向下，置球于胸腹之间。用手指、手腕弹拨球传出。反弹点落在离接球队员三分之一处。反弹高度于腰膝之间。技术要点：球速快，掌握好击地点。⑥单手体前侧传球。这是最常用的一种非常隐蔽传球方式，适用于各个位置。动作方法：以"三威胁"姿势开始，余光观察自己同伴的位置，把握时机。传球时，摆动小臂，当球基本过了前胸时及时压腕、拨指将球传出。技术要点：摆动小臂与压腕、拨指的连贯。⑦单手背后传球。当持球者贴近防守者时运用之，一般情况在快攻结束和突破分球时运用。动作方法：向背后引球时肘稍上抬，上臂带动前臂摆动，当半球位于体后时及时拨腕指将球传出。技术要点：摆臂与拨腕的时机。

（4）接球

接球就是获得传球的动作。良好的接球技巧能够弥补传球的不足。无论何种接球，都是由伸臂迎球和缓冲握球等动作组成。接球时，要伸臂迎球，当指端触球的瞬间，手臂要顺势后引，曲肘缓冲来球的惯性后持球。有对手防守时，要先卡位再要球。接球后要随时做"三威胁"攻击姿势，并尽快衔接下一个动作。

①接球的手法

A. 双手接球。两臂先伸出迎球，双手十指自然分开成半球状，手指指端触球瞬间，双臂随球缓冲来球的力量后，自然持球于胸腹之间，保持好"三威胁"的姿势。

B. 单手接球。五指自然分开成弧形并伸出手臂迎球，手指指端触球的瞬间顺势缓冲控球。同时，借助另一手的辅助成双手持球的"三威胁"姿势。

②接球方法

A. 原地接球。包括迎、引、成基本姿势。迎：是向来球方向伸臂或上步迎接球。引：即在缓冲过程中将球带到所需部位。成基本姿势：是指下一个进攻动作的开始姿势。由接球点到腹前走一条向后向下的弧线。

B. 移动接球。跨停步接球：靠近来球方向的内侧脚跨步缓冲接球，后腿膝部内扣，斜撑制动。跳停步接球：收身稍跳起接球，双脚同时落地。

2. 练习方法

（1）原地对墙做各种传球、接球。

（2）两人一组做各种传球、接球。

（3）迎面传球、接球。

（4）行进间两人传球、接球：把人数分成相等的两组站在端线后，两人一组传球、接球上篮交给对面的另一组做同样的练习，然后排到队尾，交替进行。

（5）行进间三人传球、接球：练习方法同上，要求三人传球时，中间队员稍后与左右两名同伴呈三角形队形，每次传球必须通过中间队员。

（6）三人"8"字围绕传接球：传球人始终从接球者身后绕切至前面接球。

（四）投篮

投篮得分是篮球运动所有技术、战术、技能的最终目的，是篮球比赛中唯一的得分手段。篮球所有的技、战术配合都是为了创造最佳投篮时机，提高命中率，因此投篮是篮球比赛的关键，是攻防对抗的焦点。

1. 基本技术

（1）投篮的身体姿势和持球方法

①投篮的身体姿势：两脚开立，与肩同宽或略宽。重心在两脚之间，保持好重心平衡。两个膝关节要保持弯曲，上身要含胸直背，身体不能前后、左右摇动，目视投篮目标。肘关节的姿势是当投篮手举起时，手应放松地贴住自己的身体。手和球举起后，肘关节适度外展，躯干与上臂，上臂与前臂，前臂与手腕都要形成90°。②持球方法：对于单手投篮，用投篮手的食指尖端接触球的平面中心部位。投篮手的拇指应该展开，与食指呈60°夹角，手指应有"握球"的感觉，手心自然空出。扶球手扶球的一侧，手指全面展开到最大程度。

（2）投篮技术与方法

①原地投篮：它是比赛中应用比较广泛的投篮方法，是行进间单手高手投篮、跳起单手肩上投篮等技术动作的基础。

A.单手肩上投篮。动作方法：以投篮姿势，用力蹬地，伸展腰腹，抬肘，手臂上伸、手腕、手指前屈，指端拨球，用中指、食指将球投出，手臂向前自然伸直。技术要点：全身动作协调，用力一致。

B.双手胸前投篮。动作方法：双手持球于胸前，肘关节自然下垂（不要外展），上身稍前倾，两膝微屈，身体重心放在两脚之间，目视投篮目标。投篮时，两脚蹬地，腰腹伸展，两臂上伸，两手腕同时外翻，指端拨球，用拇指、食指、中指投出，手自然伸直。技术要点：掌握好屈膝蹬地、腰腹伸展。手臂上伸与手腕、手指用力动作的连贯、协调。

C.勾手投篮。动作方法：以右手为例，降低重心，上身向左倾斜，左脚用力蹬。技术要点：掌握身体重心，手腕和手指力量的控制。

②行进间投篮。行进间投篮是一种被广泛应用的投篮方法。一般在快攻中或切入篮下时运用，也可以在中、近距离投篮时运用。

A.行进间篮下单手肩上投篮。这是快攻和突破到篮下时常运用的一种投篮方法。比赛中命中率较高。动作方法：以右手为例，在跑动中右脚向前跨出一大步，双手迎前接球，左脚接着上一步，脚跟先着地迅速过渡到前脚掌起跳，同时双手举球，右脚屈膝向上抬配合左脚起跳。当身体到达最高点时，扣腕和手指拨球，柔和地将球投出。技术要点：接球、起跳、引球、扣腕、拨指配合协调。

B.行进间单手低手投篮。这是快速中超越对手后所采用的一种投篮方法。它具有速度快、伸展的距离远和便于保护球的优点。动作方法：以右手为例。在跑动中右脚向前跨出一大步，双手迎前接球，左脚接着上一步，脚跟先着地迅速过渡到前脚掌起跳，同时双手举球，右脚屈膝向上抬配合左脚起跳。当身体到达最高点时，左手离球，右手托住球的下部，手臂继续向球篮上方伸展，并以手腕为轴，手指向上挑球从食指尖投出。技术要点：助跑、接球、起跳举球、挑球动作连贯协调。

③跳起投篮。跳起投篮具有突破性强、出手点高、不易防守、便于与传球、突破和其他假动作相结合的优点，经常与移动、传接球、运球突破等技术动作结合运用。

A.原地跳投。动作方法：以投篮姿势，在两脚用力蹬地向上起跳的同时，上身向上伸展，双手举球，当身体接近最高时，右臂抬肘向上伸直，最后用手腕、手指的力量将球投出。落地时，双腿屈膝缓冲，准备下一个动作。技术要点：利用身体在空中最高点刹那间的稳定迅速出手。全身用力协调一致。

B.接球急停跳投。动作方法：在快速移动中接球，用跨步或跳步急停。突然向上起跳，迅速举球，当身体接近最高点时前臂向前上方伸直，手腕前屈，手指拨球，通过指端将球投出。技术要点：急停时，步子要稳，连接起跳技术，身体腾空和投篮出手协调一致。

C.运球急停跳投。动作方法：在快速运球中，用跨步或跳步急停，突然向上起跳，迅速举球。当身体接近最高点时前臂向前上方伸直，手腕前屈，手指拨球，从指端将球投出。技术要点：急停时，步子要稳，连接起跳技术，身体腾空和投篮出手协调一致。

2.练习方法

（1）持球模仿投篮练习：成广播体操队形，体会原地或跳起投篮的手法和用力过程。

（2）接球急停跳投练习：两人一组一球，相距5米左右。一人跳起做投篮练习，另一人接球急停后跳起模仿投篮练习。体会动作的衔接过程。

（3）五点定位投篮。三人一个球篮，用一个或两个球，篮下有人捡球，按五点顺序投篮或跳投，每个点投中三个球才能换下一个点，设计中或未中次数。离篮3~4米逐渐到5~6米，并逐渐加快速度，依次练习。

（4）罚球投篮练习：持球站在罚球线后，原地或跳起投篮。进一步体会投篮手法，协调用力和投篮出手角度。

（5）在三分线区域内做一分钟投篮练习：一人一球自投自抢，先3米远左右投篮，再把距离拉远投篮练习。

（6）行进间运球投篮练习：把队员分成两组，从中场开始做运球上篮。

（7）行进间全场传接球投篮：三人直线传接球投篮，三人围绕跑动中传接球投篮练习。

（五）持球突破

随着篮球技术的发展，各个位置的队员都能熟练地运用持球突破技术。持球突破技术发展主要表现为突然性强、速度快，与其他技术的结合非常紧密。持球突破后的各种运球和投篮更加具有攻击性。与假动作结合，使突破防不胜防。主要有以下几种方法：

1.基本技术

（1）交叉步持球突破

动作方法：以右脚做中枢脚为例。突破时左脚先向左跨出一小步（假动作），而后，左脚前脚掌内侧用力蹬地，同时上身向左侧转，左肩下压，使身体向右前方跨出，将球引向右侧并运球，中枢脚蹬地上步继续运球超越对手。技术要点：蹬跨积极，转体探肩保护球。

（2）同侧步持球突破

动作方法：准备姿势和突破前的动作要求与交叉步相同。突破时，右脚向右前方跨出一步，向右转体探肩，重心前移，右手运球，左脚前脚掌迅速蹬地，向右前方跨出，突破防守。技术要点：蹬跨积极，转体探肩保护球，第二次加速蹬地积极。

（3）前转身突破

动作方法：以左脚做中枢脚为例。突破前的准备动作背向球篮站立，两脚平行开立，屈膝，重心降低，两手持球于胸前。突破时重心移至左脚上，以左脚为轴前转身，右脚向球篮方向跨出，向左压肩，右手运球后左脚蹬地突破对手。技术要点：移重心，蹬地运球动作连贯。

（4）后转身突破

动作方法：准备动作与前转身相同，突破时以左脚为轴转身，右脚向右侧后方跨步，压肩，脚尖指向侧后方，右手向右脚前方放球，左脚前脚掌内侧迅速蹬地向球篮方向跨出，运球突破防守。技术要点：重心平稳。右脚向右侧后方跨出，左脚掌内侧蹬地发力。

2.练习方法

（1）原地模仿练习。

（2）运用假动作，做不同的突破技术练习，提高运用动作的变化能力和动作的变换速度。

（3）半场或全场一对一对抗比赛。两人一组一球，先由一方持球开始进攻，进攻时可以运用交叉步或突破上篮。如突破成功或投篮命中，进攻者继续进攻，反之则交换。

（六）个人防守

个人防守技术更具有攻击性。防守者降低重心，增大防守面积，充分利用自己的身体体重与灵活多变的脚步。对有球队员采用平步或斜步的紧逼攻击性防守，对无球队员采用错位防守。做到以球为主，球、人、区三位一体的防守。

1.防守的基本动作

（1）基本姿势

两脚左右分开，一脚稍前，屈膝下蹲，重心在两脚之间。上身挺胸塌腰。一脚稍前比两脚平行站立前后更稳定，在突然后撤或向前时易于发力而不需调整。

（2）脚步移动

滑步：移动时先向移动方向蹬跨，跨步脚紧贴地面，再蹬地脚紧贴地面并步。后撤步：第一步蹬跨后撤要跨步完成，紧接滑步动作。

交叉步：是后撤步接追踪步的第一步（交叉）再接滑步的组合。

追踪步：是保持给对手一定压力的、重心稍低的侧身跑动作。

2.防有球队员的基本动作

迅速调整防守脚步贴近对方，用手干扰对方，破坏对方进攻动作。同进攻者保持一臂距离，重心降低，始终要把进攻者置于自己的两腿之间。若运球停止后，要迅速贴近，积极挥动手臂进行封堵。

（1）平步防守

两脚平行站立，重心置于两脚之间。重心降低膝角约100°，两手臂侧伸，五指张开，两脚处于起动状态。膝关节内扣。

（2）斜步防守

两脚前后斜步站立，一臂上举，一臂侧伸。重心置于两脚之间，屈膝收腹。重心低于对方，两脚处于启动状态。

3.防无球队员的基本动作

人、球、区兼顾，做到近球上，远球放，控制对手接球。防守强侧的无球队员时，采取面向对手侧向球的站位法。用眼睛的余光注意球。防守弱侧无球队员时，采取侧向对手面向球的站位法。防止对手接球。

（1）在球、对手、球篮三点的夹角中间防守

动作方法：两腿稍屈，两臂自然，保持放松机动姿势，侧对防守对象和球。根据对手离球和球篮的远近不断调整与防守对象的距离。

（2）绕前防守

这是一种在防守的人、球、球篮成直线或从篮下溜过时要采用的防守方法。它可分为挤绕和后转身绕。

挤绕的动作方法：后臂从上前伸下压同时后脚前跨。

后转身绕的动作方法：前臂屈肘以前脚为轴后转身。绕前防守紧贴的对手，一手后伸掌握防守对手的移动。技术要点：快速移动中身体姿势和重心的稳定；人和球兼顾。

（3）贴身防守

这是一种在对手接近球篮时要采用的防守方法。其动作方法：两脚斜步防守，一手屈肘顶住对方腰部，一手前伸干扰传接球。

（七）抢篮板球

篮球比赛中，抢篮板球是获得控制球权的重要手段之一。

1.基本技术

（1）抢进攻篮板球

根据自己场上所处的位置，及时判断出球反弹方向，快速起动，摆脱防守，抢占有利的位置。采用单脚或双脚起跳，腾空后身体和手臂充分伸展，及时调整重心，进行投篮或将球传出。

（2）抢防守篮板球

攻方投篮时，防守队员应根据自己与进攻队员之间的不同距离，采用不同的挡人方法。然后根据球反弹的方向，及时转身，抢占有利位置，跳起用单手或双手迅速将

球抢下来。落地后持球远离对手，便于及时传球或运球。

2. 练习方法

（1）原地起跳抢球练习，向上自己抛球，然后用双脚起跳，在最高点处将球抢下来。落地屈膝缓冲。体会起跳、空中抢球和落地动作。

（2）两人一组一球，一人站在罚球线处，传球给篮下的队员。篮下队员接球后把球向篮板上抛出碰板。罚球线处的队员上步用双脚或单脚起跳抢从篮板上反弹起来的球，抢下后把球投进篮圈；数次后交换。

（3）抢罚球篮板，双方按照比赛中罚球方法进行站位。确定甲方其中一人执行罚球，甲方的另外四人和乙方分别站在分位线后。当投球碰板或碰圈弹起瞬间，双方即冲抢篮板球。如投篮命中，则换由甲方的另一名队员罚球；如投篮不中，由抢得篮板球的队罚球。

二、篮球基本战术

（一）战术基本配合

1. 进攻战术基础配合

（1）传切配合

这是指利用传球和切入技术组成的简单配合。

（2）突分配合

这是指进攻队员持球突破防守队员向篮下切入，遇到补防时，将球传给因对方补防而漏防的同伴，或传给转移到指定的配合位置上的接应同伴的简单配合方法。

（3）掩护配合

这是指进攻队员以自己的身体采取合理的动作挡住同伴防守者的移动路线，使同伴借以摆脱防守的一种方法。根据被掩护者的不同方位而分为侧掩护、前掩护和后掩护。

（4）策应配合

一般是指处于内线的队员背对或侧对球篮接球，由他作枢纽与外线队员的突切相配合而形成的一种里应外合的方法。

2. 防守战术基础配合

（1）挤过配合

在对方进行掩护配合时，防守者为了破坏对方的掩护，在掩护者临近的一刹那，主动靠近自己的对手，并从两个进攻队员之间侧身挤过去，继续防住自己的对手。

（2）穿过配合

对方进行掩护配合时，防守掩护的队员主动后撤一步，让同伴从自己和掩护队员之间穿过去，以便继续防守自己的对手。

（3）交换防守配合

这是为了破坏进攻队员掩护配合，防守队员及时交换所防对手的一种配合方法。

（4）"关门"配合

"关门"配合是临近的两个防守队员协同防守突破的配合方法。

（二）全队战术配合

1. 全队进攻战术配合

（1）进攻半场人盯人

常采用内线、外线结合，积极穿插、换位，连续掩护等基本手段，制造中投或篮下投篮等各种机会。常采用的队形有："2—1—2"（单中锋进攻法）、"1—2—2"（双中锋进攻法）、"8"字掩护进攻法、移动进攻法等。

（2）进攻区域联防

进攻区域联防的方法有很多，可根据本队的具体情况和对方联防的形式确定阵式和配合方法。其目的在于攻击对方区域联防的薄弱环节。如"1—3—1"进攻队形布局是针对"2—1—2"和"2—3"区域联防而组成的，"2—1—2"进攻队形布局是针对"1—3—1"区域联防组成的等。

2. 全队防守战术配合

（1）半场人盯人防守战术配合

这种战术配合是进攻队进入防守队的后场后，防守队立即迎上积极盯住各自的对手，同时，进行集体协同防守。基本战术要求是："以人为主，人球兼顾"和"有球紧，无球松"；针对对手的具体情况（如个人特点和离球、离篮的远近），抢占有利位置，积极移动，进行抢、堵，控制对手的战术，破坏对方进攻配合。半场人盯人防守分松动和扩大两种形式。一般来说，对外围中投不太准而篮下攻击力量较强的对手，采用"松动"形式，反之采用"扩大"形式。

（2）全场人盯人防守战术配合

全场人盯人防守是一种积极主动、富有攻击性的防御战术。在进攻转入防守后，立即在全场积极地阻挠对手移动、接球和投篮。这种战术不但能破坏对方有组织、有计划的战术配合，提高比赛速度，而且能促使对方失误。目前，常用的全场紧逼人盯人防守队形有"1—2—1—1"、"2—1—2"、"2—2—1"等。

第二节 排球

排球运动是一项两队对抗，每队 6 人，分两排站位，以中间球网为界，根据规则以身体任何部位击球过网而决定胜负的球类运动。

排球运动 1895 年由美国人威廉·莫根发明，最初是在室内球网两边用篮球胆拍来拍去使球不落地的一种游戏，取名 Voleybal，意为"空中飞球"。排球运动经历了多种发展形势，最初为 16 人制排球（每排 4 人，按 4 排站位），后来演变成 12 人制（每排 4 人，分 3 排站位）和 9 人制（每排 3 人，分 3 排站位），以及至今的 6 人制排球。因为它是安排站位打球的，所以中国人称之为排球。

1947 年 4 月，国际排球联合会在法国巴黎成立，现在已成为拥有 178 个会员国的体育组织。1949 年首届世界排球锦标赛在布拉格举行。1964 年排球运动被正式列为奥运会比赛项目。目前世界性的比赛有：世界排球锦标赛、世界杯排球赛、奥运会排球赛和世界排球联赛。

一、排球基本技术和练习方法

排球技术有两种：一种是有球技术，包括传球、垫球、扣球、发球和拦网；另一种是无球技术，包括准备姿势、移动、起跳及各种掩护动作等。

（一）准备姿势和移动

准备姿势和移动是排球运动中各项技术的基础技术。任何一项排球技术在比赛中运用的效果，在很大程度上取决于准备姿势和移动技术。

1. 准备姿势

两脚支撑的位置：两脚左右开立，略比肩宽。站左半场的队员，左脚在前（约一只脚的距离），右脚在后；站右半场的队员，右脚在前，左脚在后；站在场中央的队员，两脚平行开立比肩稍宽。

身体基本姿势：双目注视来球，两膝弯曲并内扣，膝部的垂直面超出脚尖，脚跟提起，身体重心的着力点在前脚掌拇指根部，上身前倾，两肩的垂直面超出膝部。手的位置：两臂自然弯曲，并置于胸腹之间，两手心相对，手指自然张开。

2. 移动

移动是接好球的重要条件。无论任何方向的来球，身体必须面对来球方向。因此，要尽快地移动取得好位置，做好接球前的准备姿势。通常采用的几种移动步法是：滑步、交叉步、跨步、跨跳步、跑步、后退步等。

3.练习方法

（1）学生集体做准备姿势，强调两脚的位置；

（2）原地跑或慢跑中，看教师发出的信号，迅速做准备姿势；

（3）学生在准备姿势的基础上，看教师手势做向前、后、左移动；

（4）两人一组，一人抛球一人按步法要求移动接球；

（5）各种形式的移动接力。

（二）发球

发球是比赛的开始，同时也是进攻的开始。现代的发球技术已具有越来越强大的攻击能力。攻击力强的发球不但可以直接得分，更主要是可以破坏对方的接发球，削弱其进攻威力，减轻我方的防守压力，取得比赛的主动权。

1.基本技术

所有发球技术的动作结构是相同的，但根据不同的发球技术又有不同的技术特点。发球技术的动作结构可以分为准备姿势、抛球、击球手形、挥臂击球四个技术环节。发球的种类很多，不管采用哪一种发球，要想把球发好，必须注意以下几点：第一，抛球稳：抛球是基础，要求掌心向上平稳地把球抛起。每次抛球的高度和身体的距离应基本固定。第二，挥臂快：手臂的挥动速度与球飞行速度成正比，手臂挥动快，则球的速度快。第三，击球准：用力方向必须和所要发出球的方向相一致。第四，正确的手法：击球手法不同，发出球的性能也不同。不同的发球种类应使用不同的击球方法。

（1）正面下手发球。

这种发球简单易学，失误率较小。但速度慢，力量小，攻击性差，适用于初学者。发球前，面对球网，两脚前后站立，左脚在前，右脚在后，两膝微屈，上身前倾，左手持球置于腹前，右臂自然下垂。发球时，左手将球在体前右侧抛起，离手20~30厘米。在抛球的同时，右臂向后摆动。击球时，右脚蹬地，身体重心前移，右臂伸直，以肩为轴，向前摆动到腹前，用虎口或掌根击球的后下部。随着击球动作重心前移，迅速入场。

（2）侧面下手发球。

①准备姿势：左肩对网站立，两脚左右开立，与肩同宽，两膝微屈，上身稍前倾，重心落在两脚间或稍偏右脚，左手持球置于腹前。

②抛球：左手将球抛至胸前，约离身体一臂之远。

③击球：在抛球的同时，右臂摆至右侧后下方，手指微屈而紧张，利用右脚蹬地和向左转体的力量，带动右臂向前摆动，在腹前用拳掌击球的后中下部，将球击出。击球时，手臂要伸直，眼睛要看球。

（3）正面上手飘球。

发球前在发球区选好位置，面对球网站立，左脚在前，右脚在后，重心落在后脚上。

左手持球置于胸前，观察对方的站位布局，选定最佳落点。

发球时左手将球平稳地向右肩的前上方抛起，高度适中。在抛球的同时，右臂抬起，并屈肘后引，五指并拢，指尖朝上，手腕保持一定的紧张度。

击球时利用蹬地转体的动作带动手臂有力地向前上方挥动，重心随之移至左脚，以手掌根击球的后中下部，击球的力量要集中、迅猛，击球的作用力通过球的重心使球不旋转地向前飞行，击球结束时手臂要有突停动作。击球后，右脚随着击球动作自然前移，迅速进场。

（4）勾手大力发球。

这种发球的特点是力量大，弧度平。由于球向前旋转，从而加快了球的下落速度，容易造成对方措手不及，有较强的攻击性，但这种发球需要很好的体力，技术要求高，掌握不好容易造成发球失误。

发球前左肩对网站立，两脚开立与肩同宽，两膝微屈，重心落在脚与脚之间。双手持球于腹前。发球时，双手将球平稳地抛至头的左前上方，高约1米。在抛球的同时，右腿稍屈，重心移至右脚上，上身向右倾斜并转动，同时右臂向右后倾摆动，抬头看球。随着右腿用力蹬地，利用挺胸及转体的动作带动手臂向上挥击。

击球时迅速收胸、收腹、转体，身体的重心移至左脚上。击球的手臂要伸直，并要协调、自然地向上作弧形摆动，击球的手掌应放松，用全掌击中球的后下部，并利用手腕的推压动作使球向前旋转。球发出后，顺势迅速进场。

2.练习方法

（1）徒手练习。按照动作方法要领，让队员做徒手模仿练习，或做击固定球练习。

（2）抛球练习。右手持球练习向上抛起（掌心向上，平稳抛起，球不旋转）。根据发球的性能，抛球的高度和落点要合适。

（3）两人一组短距离不上网对发。

（4）抛击配合练习。近距离对墙发球，体会发球时抛球与击球的配合。

（5）上网发球。两人一组隔网对发，距离由近到远，直至发球区内。体会击球用力和动作连续性。

（6）分两组端线后发球比赛，看哪一组积分多。

（三）垫球

垫球是排球的基本技术之一，是接对方进攻性击球的主要技术动作，是组织进攻和反攻战术的基础。因此，提高垫球技术的熟练程度和运用能力，是争取胜利的重要基础条件。

1. 基本技术

（1）正面双手垫球

适合接速度快、弧度平、力量大、落点低的各种来球，在接发球和后排防守时广泛采用，是各项垫球技术的基础。

①准备姿势：做好准备姿势，迅速判断，及时移动，正面对准来球方向。②击球手形：两手掌根紧靠，两手手指重叠合掌互握，两拇指平行。两臂自然伸直，手腕下压，小臂外展靠拢，手腕关节以上的前臂形成一个垫击的平面。③击球动作：击球时，蹬腿提腰，含胸提肩，压腕抬臂等动作密切配合，手臂迅速插入球下，将球准确地垫在手腕以上 10 厘米的小臂上。击球时，两臂保持平衡固定，身体和两臂自然地随球伴送，以便控制球的落点和方向。④手臂角度：手臂角度对控制球的方向、弧度和落点有很大影响，应根据垫球距离和入射角等于反射角的原理加以调整。

正面双手垫球应掌握插、夹、提三个动作要领。插：两臂伸直，插到球下。夹：两臂夹紧，含胸收肩，用两前臂的平面击球。提：提肩送臂，身体重心随出球方向前移。垫击过程中要做好移、蹬、跟三个环节。移：快速移动，对准来球。蹬：支撑平稳，两腿蹬起。跟：随用力方向，腰紧跟。

（2）体侧垫球

来球飞向体侧而来不及移动对正来球时，要采用侧垫。侧垫时切忌随球伸臂，这样会造成球蹭手而向侧方飞出，应先用两臂到侧方截击来球。还应注意两臂不要弯曲，以保持

击球平面，否则会因手臂不直或两臂间距离太大而垫不好球。

（3）背垫

背垫就是背向出球方向击球。背垫时，要清楚出球的方向、距离。用力时，要抬头后

仰，两臂伸直向后扬臂。

2. 练习方法

（1）徒手模仿。先做原地垫击模仿动作，然后做徒手移动后垫击模仿动作。

（2）垫固定球。一人双手持球于胸前，另一人原地或移动后用垫球动作击球，体会手臂击球部位和全身协调用力。

（3）两人一组，一抛一垫。两人距离由近到远，先是一人抛，一人原地垫，然后是一人抛，一人移动垫。

（4）对墙连续自垫。对墙垫时，要求手臂角度固定，用力适当，控制球的高度，用蹬腿动作发力，注意身体协调用力。

（5）转换方向垫。三人一组呈三角形，一人抛球，一人变方向垫球，另一人接球或传球给抛球者，往复循环。

（6）二人相距 7~8 米，一发一垫。

（7）二人相距 5~6 米，第一次把球垂直垫起，第二次把球垫给对方，连续进行。

（8）三人一组相隔 10 米以上，一发一垫一吊，做若干次轮转。

（四）传球

传球是用手指和手腕的弹力进行上手击球的技术动作，是排球的最基本最原始的击球方法。在比赛中主要用于衔接防守和进攻。可广泛用于接发球、二传等。

1. 基本技术

传球的方式很多，有正面传球，背传，侧传，跳传。其技术环节可分为：准备姿势、迎球、击球点、手形、击球时的用力几个部分。

（1）双手正面传球

准备姿势：正面对准来球，两脚开立，比肩宽，一脚在前，两脚尖适当内收，脚跟稍提起，两膝稍屈。两肩放松，眼睛注视来球，两手自然弯置于胸腹前。手形：两手手指自然张开，掌心相对，手指微屈成半球状，手腕稍后仰，以拇指、食指、中指托住球的后下部，无名指和小指在两侧辅助控制传球的方向。拇指相对成一字形或八字形置于额前。

击球时的用力：传球时，利用蹬地、伸膝、展体和伸臂的动作，以拇指、食指、中指发力，无名指和小指控制住球的方向。触球的瞬间，手指和手腕应保持一定的紧张程度，用手指和手腕的弹力以及身体和手臂的协调力量将球传出，用力一定要协调一致。传球距离较近时，手指、手腕的弹力较多；传球距离较远时，必须加强蹬地展体的力量。

（2）背传

背传是传球的基本方法之一。在比赛过程中，使用背传技术能达到出其不意、迷惑对方的目的，使战术多样化。

准备姿势：上身比正面传球时稍直立，身体重心稳定在两脚之间，双手自然抬起，放松置于脸前。

迎球：双手上举，挺胸，掌心稍向上，手腕稍后仰。

击球点：保持在额上方。

手形：与正面传球相同，拇指托球的后下部。

击球时的用力：利用蹬地、上身后仰、挺胸、展腹、抬臂及手腕和手指的弹力将球向身体后上方送出。

（3）侧传

身体不转动，主要靠双臂向侧方伸展的传球动作叫侧传。侧传有一定的隐蔽性。侧传的准备姿势、迎球动作与正面传球相同，击球点保持在脸前或稍偏于出球方向一侧。传球手势与正面传球相同，但倾向出球一侧的手臂要低一些，另一侧则要高一些。用力时，蹬地后上身要向出球方向倾斜，双臂向传出一侧用力伸展，异侧手臂动作幅度较大，伸展较快。

（4）跳传

跳起在空中做传球动作叫跳传。跳传有原地跳、助跑跳、双足跳、单足跳等动作。起跳最好是向上垂直起跳，不宜向前或向侧冲跳。起跳的关键是掌握好起跳时机，起跳过早或过晚都会影响传球的质量。

起跳后双臂上摆至脸前，身体在空中保持平衡。当身体上升到最高点时，靠伸臂动作和手腕、手指的弹力将球传出。

2.练习方法

（1）徒手模仿传球动作。做好准备姿势，蹬地、伸臂，模仿传球推击动作，领悟动作过程。

（2）体会击球点与手姿。每人一球按照传球的击球点与手形，摆在额前，然后另一人将球拿掉，看手姿是否正确，击球点位置是否合适。

（3）传球的协调用力。两人一组，持球人拿球在合适的击球点做好传球的手形，另一人用单手压着球，持球者用传球动作向上推送球，体会全身协调用力。

（4）贴墙传球。每人一球，贴墙站立，用传球手姿拿好球，肘关节贴墙，用传球动作向墙传球，体会传球手形、击球点和手指、手腕的传球用力。

（5）对墙传球。距离由近至远，体会传球用力。

（6）向上自传。个人进行，先原地传，后移动传；先传低球，后一高一低传。

（7）两人一组，一人抛球，另一人传球。先抛准球，让传球人原地传;后两侧抛球，让传球人移动传。

（8）两人对传。可以一固定，一移动，或自传一次，再传给对方等。

（9）跑动传球。三人或三人以上成纵队跑动传球。

二、排球基本战术

战术是指比赛双方运用进攻与防守的对抗，并结合临场变化，合理地运用技术，有组织、有针对性地配合行动。一个球队的战术水平往往反映着该队的技术水平，因为只有全面、准确、熟练地掌握了基本技术，才可能形成战术。排球基本战术分为个人战术和集体战术两种。

（一）阵容配备

阵容配备是合理地搭配本队队员的一种组织手段。阵容配备有三种形式。"三三"配备：由三名进攻队员和三名二传队员组成，此种形式的战术形式简单，攻击力弱，适合初学者。

"四二"配备：由两名主攻队员，两名副攻队员和两名二传队员组成。队员分别对角站立。这种阵容配备便于采用"中一二"和"边一二"进攻战术。前排始终保持两名进攻队员和一名二传队员，这样能够组织多种战术配合，充分发挥本队的进攻实力。

"五一"配备：由一名二传队员和五名进攻队员组成。这种配备形式攻击力强，能组织多种战术体系。二传队员在前排时，能组织"中一二"、"边一二"进攻战术。二传队员在后排时，可采用插上战术，保持前排三点进攻。具有一定水平的队多采用此种阵容配备。

（二）交换位置

为了解决某些轮次进攻和防守力量的搭配及阵容配备上的某些缺陷，以便有效地组织攻防战术，规则允许在发球击球后，双方队员可以在本场区内任意交换位置。交换位置的主要目的是充分发挥每个队员的专长，以取得扬长避短的效果。前排队员之间的换位，主要是为了便于进攻战术的实施和拦网实力的调整。前后排队员之间的换位，主要是为了保持前排三点进攻。后排队员之间换位，是为了加强后排重点部位的防守。

（三）信号联系

排球运动是一个集体项目，在实现快速多变的进攻战术时，必须通过信号联系才能统一行动。一个队的战术信息力求简单、清晰、本队队员明了。

语言联系：使用语言直接进行联系。

手势信号：通过事先约定的各种手势，进行规定的战术配合。

落点信号：根据起球后的落点，作为发动某种进攻的信号。

综合信号：以手势信号为主，辅以落点信号、语言信号以及教练员的指示等。

（四）"自由人"运用

合理地选择并运用"自由人"是战术运用的一个方面。"自由人"专司接发球和后排防守，其上下场之间只需经过一次发球比赛过程，换人不计为正规换人次数，且次数不限。因此，选择接发球和后排防守技术高超的队员作为"自由人"，能大大提高全队的防守水平。"自由人"又可在当前排进攻、拦网队员体力下降需要休息，并轮到后排时替换上去，所以，合理地运用"自由人"能大大提高全队的进攻水平。

第三节　形体训练

形体训练是以身体练习为基本手段，匀称和谐地发展人体，塑造体型，培养正确优美的姿态和动作，增强体质，促进人体形态更加优美的一种运动方式。形体艺术训练则是以人体科学为基础的形体动作训练，是以提高练习者形体的灵活性和艺术表现力为目的的形体技巧训练。它既注重外在美的训练，又注重内在美的培养。练习者在旋律优美的乐曲伴奏下，经常性地进行形体艺术训练，可使身心得到全面发展，有利于培养健美的体态和高雅的气质，使其形体富有艺术魅力。

形体训练内容丰富，形式多样，从运动方式来看，其训练内容分为：徒手练习、持轻器械练习、专门器械练习三大部分。其中，徒手练习又分为：基本姿态练习、基本动作练习、把杆练习。

一、人体运动的方位与方向

（一）基本方向

人体运动的基本方向是根据人体直立时的基本方向确定的。

向前：指朝着胸部所对的方向运动。

向后：指朝着背部所对的方向运动。

向侧：指朝着肩侧所对的方向运动。

向上：指朝着动作开始时头部所对的方向运动。

向下：指朝着脚底所对的方向运动。

（二）中间方向

中间方向是指两个基本方向之间 45° 的方向，主要说明上、下肢动作的方向。

（1）前、后与上、下基本方向之间 45° 的方向构成的中间方向。

前上：手臂前举与上举之间 45° 的方向。

前下：手臂前举与下垂之间 45° 的方向。

后上：手臂后举与上举之间 45° 的方向。

后下：手臂后举与下垂之间 45° 的方向。

（2）侧与上、下基本方向之间 45° 的方向构成的中间方向。

侧上：手臂侧举与上举之间 45° 的方向。

侧下：手臂侧举与下垂之间 45° 的方向。

（3）侧与前、后基本方向之间 45° 的方向构成的中间方向.

侧前：手臂侧举与前举之间 45°的方向。

侧后：手臂后举与下垂之间 45°的方向。

（三）斜方向

斜方向是指两个中间方向之间的 45°方向。

前斜上：前上与侧上之间 45°的方向。

前斜下：前下与侧下之间 45°的方向。

后斜上：后上与侧上之间 45°的方向。

后斜下：后下与侧下之间 45°的方向。

（四）四肢相对的方向

向内：指四肢由两侧向中线的运动。

向外：指四肢由中线向两侧的运动。

同向：指不同肢体向同一方向运动。

反向：指两个肢体向相反方向运动。

（五）场地的基本方位

为了准确说明练习者在场地上的运动方向，通常把开始确定的某一边（主席台）设定为基本方位的"1 点"。按照顺时针方向，每 45°为一个基本方位，将场地划分为 8 个基本方位。1 点：正前方；2 点：右前方；3 点：右侧方；4 点：右后方；5 点：正后方；6 点：左后方；7 点：左侧方；8 点：左前方。

二、形体训练的基本动作

形体美的基本动作是进行形体练习的基础，它在形体锻炼中起着非常重要的作用。形体基本姿态的训练，是以人体科学为基础的形体姿态训练，是对练习者身体形态进行的基础、系统的专门训练。练习者通过对身体各个部位形态的基本训练，可适度改变身体形态的原始状态，提高形体动作的灵活性和优美性，增强站姿、坐姿、走姿及姿态动作的规范和美感。

（一）脚和腿的基本动作

1. 自然站立

站立是最基本、最重要的基本姿态，也是形态训练中最基础的内容。正确的站姿训练，可以改变练习者身体形态的原始状态，使其站立的姿态优美、端庄。动作做法：两脚跟并拢，脚尖分开大约 15~20 厘米的距离，身体重心落在两脚之间；臀部肌肉收紧，收腹立腰，挺胸，颈部伸直，抬头并略收下颌，两臂自然下垂，手略呈圆形，表情自然。

2. 开立

在进行上肢练习的过程中，大多数时间需要练习者保持两腿开立的姿势，以便稳定身体的重心。开立是在自然站立的基础上，调整两脚之间的距离。

动作做法：两脚向侧分开站立，两脚开度大约与肩同宽；脊背挺直，挺胸立腰，收腹提臀；注意身体的重心向上，从而保持双肩的下沉。

3. 脚点地立

进行脚点地立的各种练习，使练习者在身体重心置于单脚时，有效提高身体稳定性和控制力的一种锻炼方式，重点强调身体的有效控制和上肢基本姿态的保持。

动作方法：一脚站立，另一脚向前、向侧、向后伸出，脚尖点地。注意前、后点地时需脚尖绷直、脚面朝外；侧点地时脚尖绷直、脚面朝上。

4. 芭蕾舞脚位

动作做法：

一位脚：两脚跟并拢，脚尖向外侧打开，两脚成一横线。

二位脚：两脚跟相对，左右分开相距一脚，脚尖向两侧打开成一横线。

三位脚：脚尖向外侧打开，前脚外侧与后脚内侧重叠一半站立。

四位脚：两脚尖向外侧打开，前后平行，两脚间距离约一脚。

五位脚：两脚尖向外侧打开，前后平行重叠相靠。

（二）手臂的基本动作

1. 两臂同方向地举

前举：两臂前举至水平，同肩宽，掌心向下、向上或相对。

侧举：两臂向两侧抬起至水平，掌心向上、向下或向前。

上举：两臂上举至垂直部位，掌心向前或相对。

前上举：两臂向前抬起至前上 45° 方向，掌心向上或向下。

前下举：两臂向前抬起至前下 45° 方向，掌心向上或向下。

侧上举：两臂向各自的侧方抬起至侧上 45° 方向，掌心向上或向下。

2. 两臂不同方向的举

一臂前举，另一臂前上举。

一臂前上举，另一臂后下举。

一臂侧上举，另一臂侧下举。

一臂后上举，另一臂前下举。

动作要求：所有手臂举的动作方向要正确，部位要准确，手臂必须伸直，肩部放松，身体姿势同站立动作的基本要求。

3. 芭蕾手臂的基本位置

一位：两臂于体前成弧形，掌心向内，指尖相对，手臂稍离开身体。

二位：两臂保持弧形前举，稍低于水平位置，掌心向内，指尖相对。

三位：两臂保持弧形上举，位置稍偏前，掌心向内。

四位：两臂成弧形，一臂上举，一臂前举。

五位：两臂成弧形，一臂上举，一臂侧举。

六位：两臂成弧形，一臂前举，一臂侧举。

七位：两臂成弧形侧举，掌心向前。

参考文献

[1] 曲宗湖，杨文轩.学校体育教学探究 [M].北京：人民体育出版社 .2000.

[2] 李元伟.科技与体育—关于新世纪体育科学技术发展问题 [J].中国体育科技，2002，38（6）：3-8，19.

[3] 徐本立.运动训练学 [M].济南：山东教育出版社，1990：228.

[4] 王智慧，王国艳.体育科技与体育伦理辨析 [J].体育文化导刊，2016（6）：146-148.

[5] 曹庆雷，李小兰.前沿科技与体育 [J].山东体育科技，2004，26（1）：37-38.

[6] 董传升."科技奥运"的困境与消解 [M].沈阳：东北大学出版社，2004：15.

[7] 张朋，阿英嘎.科技与体育的对话—利弊述评 [J].福建体育科技，2015，34（4）：1-3.

[8] 谢丽.从奥运会比赛成绩看运动器材的变化 [J].体育文史（北京），2000（4）：52-53.

[9] 杜利军.奥林匹克运动与现代科学技术 [J].中国体育科技，2001（3）：6.

[10] 于涛.从哲学角度再认识身体对揭示体育本质的意义 [J].上海体育学院学报，2008（3）：18-20.

[11] 张洪潭.体育的概念、术语、定义之解说立论 [J].西安体育学院学报，2006（4）：1-6.

[12] 张庭华.走出体育语言——从语言学界的共识看媒体体育语言现象 [J].体育文化导刊，2007（7）：50-53.

[13] 黄聚云.从哲学角度再认识身体对揭示体育本质的意义 [J].2008（1）：1-8.

[14] 爱德华·萨丕尔.语言论 [M].北京：商务印书馆，1985.

[15] 于涛.体育哲学研究 [M].北京：北京体育大学出版社，2009.

[16] 董文秀.体育英语 [M].北京：人民体育出版社，2009.

[17] 伊恩·罗伯逊.社会学（下）[M].北京：商务印书馆，1991：719.

[18] 汪寿松.论城市文化与城市文化建设 [J].南方论丛，2006（3）：101.

[19]R.E.帕克.城市社会学 [M].北京：华夏出版社，1987：41，154.

[20] 乔尔·科特金.全球城市史 [M].北京：社会科学文献出版社，2006：3.

[21] 卢元镇.体育社会学 [M].北京：高等教育出版社，2001：211.

[22] 乔治.维加雷洛.从古老的游戏到体育表演 [M].北京：中国人民大学出版社，2007：107

[23] 王祥荣.生态与环境——生态可持续发展与生态环境调控新论 [M].南京：东南大学出版社，2000：55.

[24] 郑杭生.体育学概论新编 [M].北京：中国人民大学出版社，1987：345.

[25] 周爱光.体育本质的逻辑学思考 [J].武汉体育学院学报，1999(2)：19-21.

[26] 熊斗寅."体育"概念的整体性与本土化思考：兼与韩丹等同志商榷 [J].体育与科学，2004(2)：8-12.

[27] 王春燕，潘绍伟.体育为何而存在：20 世纪 80 年代以来我国体育本质研究综述 [J].体育文化导刊，2006(7)：46-48.

[28] 宋震昊."体育"本体论（二）：体育概念批判 [J].南京体育学院学报：社会科学版，2006(3)：1-6.

[29] 胡科，虞重干.真义体育的体育争议 [J].南京体育学院学报：社会科学版，2010(4)：59-62.

[30] 张军献.寻找虚无上位概念：中国体育本质探索的症结 [J].体育学刊，2010(2)：1-7.

[31] 崔颖波."寻找虚无的上位概念"并不是我国体育概念研究的症结：与张军献博士商榷 [J].体育学刊，2010(9)：1-4.

[32] 何维民，苏义民."体育"概念的梳理及匡正 [J].武汉体育学院学报，2011(3)：5-10.